幸福的经济学

〔美〕理查德·A. 伊斯特林（Richard A. Easterlin）◎ 著

笪舒扬 ◎ 译

中国出版集团

中 译 出 版 社

图书在版编目（CIP）数据

幸福的经济学 /（美）理查德·A. 伊斯特林著；笪
舒扬译 . -- 北京：中译出版社，2022.6
书名原文：An Economist's Lessons on Happiness
ISBN 978-7-5001-7078-5

Ⅰ.①幸… Ⅱ.①理… ②笪… Ⅲ.①经济学—通俗
读物 Ⅳ.① F0-49

中国版本图书馆 CIP 数据核字（2022）第 090777 号

First published in English under the title

An Economist's Lessons on Happiness: Farewell Dismal Science! by Richard A. Easterlin,
edition: 1

Copyright © Richard A. Easterlin, under exclusive license to Springer Nature Switzerland AG,
2021 *

This edition has been translated and published under licence from Springer Nature Switzerland
AG.

Springer Nature Switzerland AG takes no responsibility and shall not be made liable for the
accuracy of the translation.

The simplified Chinese translation copyrights © 2022 by China Translation and Publishing House
ALL RIGHTS RESERVED

著作合同登记号：图字 01-2022-1965

幸福的经济学
XINGFU DE JINGJIXUE

出版发行 / 中译出版社
地　　址 / 北京市西城区新街口外大街 28 号 102 号楼 4 层
电　　话 /（010）68005858，68358224（编辑部）
传　　真 /（010）68357870
邮　　编 / 100088
电子邮箱 / book @ ctph. com. cn
网　　址 / http：//www. ctph. com. cn

策划编辑 / 范　伟　　　　　　　　责任编辑 / 费可心　范　伟
营销编辑 / 曾　頔　陈倩楠　　　　　版权支持 / 马燕琦　王少甫
封面设计 / 仙境设计　　　　　　　　排　　版 / 聚贤阁
印　　刷 / 北京中科印刷有限公司
经　　销 / 新华书店

规　　格 / 710 毫米 × 1000 毫米　1/16
印　　张 / 17.5
字　　数 / 199 千字
版　　次 / 2022 年 6 月第一版
印　　次 / 2022 年 6 月第一次
ISBN 978-7-5001-7078-5　　　　　定价：68.00 元

献给我的妻儿和孙子孙女们

是你们使我感到非常幸福

前　言

　　听到以下消息时，我目瞪口呆。澳大利亚政府计划调整大学学费，以牺牲人文社科为代价，促进 STEM 学科（科学、技术、工程和数学）的招生。显然，目前高等教育职业化仍在进一步推进。按照这种趋势，似乎人们需要的并不是这本书里的内容，而是更大的集装箱船。

　　我在文、理两个方向都有涉足，并凭借这样的经历写下了这本书。我的本科专业是机械工程，第一份工作也是机械工程师。研究生期间，我的专业是经济学，而作为一名经济学家，我的主要研究方向是经济史和人口学，现在还包括幸福学，涉及的内容常常超出了经济学的范畴。在我看来，尽管 STEM 学科很重要，但是我们的生活以及与周遭世界的相处都与人文社科相关，其重要程度并不亚于甚至超过了 STEM 学科。以防你们以为这种论断是一个勉强拿到工程专业学位的人在"吃不到葡萄说葡萄酸"，我想低调地告诉大家，我是在本科毕业典礼上致辞的优秀学生代表。

几乎所有人都希望获得幸福，各地政府也都以增进人民福祉为目标。但是该怎么做呢？这本书是一位社会科学家给出的答案。或许这并不是这个问题的最终解，我把决定权留给读者，让他们来决定我是不是应该继续留在工程领域。

在撰写这本书的过程当中，我的女儿——新奥尔良大学英语文学教授南希·伊斯特林给予了很多帮助。作为本书的顾问编辑，她的贡献远远不止校对稿件。南希还指出了一些需要进一步阐释和说明的段落，并且扩充了课堂互动，使文本更加生动。我也要感谢她的丈夫彼得·麦克纳马拉，感谢他仔细阅读了初稿，提出了很多建议。

感谢凯尔西·J.奥康纳帮助我绘制图表、配置插图，并且提供了意见。我也非常感谢盖洛普世界民意调查提供的数据，感谢约翰·F.海利威尔提供的基于盖洛普调查数据的表格。我的女儿莫莉帮我解决了很多技术问题，阿拉米图片社的苏珊·列侬帮我解决了图库照片方面的问题。感谢施普林格·自然出版社的约翰内斯·格莱泽和朱迪思·克里普耐心地解答了我的许多问题。

最后，我也要感谢供图者们，你们的图片为本书增色添彩。

理查德·A.伊斯特林

于美国加利福尼亚州帕萨迪纳

2020 年 8 月

目　录

第二部分　进阶课程

第三部分　问答环节

第 1 章

引 言

1.1　悖论之路

尽管自马尔萨斯提出末日预言以来，经济学已经实现了长足的发展，但它仍被谑称为"忧虑科学（Dismal Science）"[1]。然而，在 21 世纪上半叶，"幸福"成为经济学研究的一个主题，并可能会彻底改变这种说法，因为幸福经济学表明，人们可以过得更好。

作为第一个吃螃蟹的人，我是第一位研究幸福数据的经济学家——"幸福经济学之父"。我本想试试能否用数据证明钱越多就越幸福，结果却发现了幸福 – 收入悖论——后来被称为"伊斯特林悖论（Easterlin Paradox）"（详见本书第 3 章）。这个新兴领域吸引了越来越多的学者，而这一悖论仅仅是我们关于幸福的诸多发现之一。这本书的宗旨就是与大家分享一些关于幸福的经

---

1. 忧虑科学（Dismal Science）：是英国学者托马斯·卡莱尔用来描述经济学这门学科的术语。马尔萨斯预言人口增长总是快于食物的增长，因此人类终将陷入无尽的贫穷与困苦。"Dismal Science"一词屡见于 19 世纪后半叶经济学家的著作当中，在中国经济学著作中也被译作"沉闷科学""忧郁的科学"和"阴郁的科学"。——译者注（以下无特殊情况，皆为译注。）

验，希望大家能同我一样，从中有所收获。当然，书中所分享的大多是从我与合作者们的研究当中得出的个人见解，并不是所有幸福学者都会同意书中的所有观点。

直到第二次世界大战之后，幸福学才演化为一门社会科学。几乎所有早期关于幸福的文献都属于人文学科领域，最早可以追溯到亚里士多德。我们将从非常典型的话题开始讲起：什么能让人们更幸福？怎样能让人们过上美好生活？关于这个问题，众说纷纭，莫衷一是。尽管其中有很多发人深省的观点，但并没有确凿的证据能说明"人们到底有多幸福"，又是"什么使人们感到幸福"，而社会科学家们想要寻求这些问题的答案。如今，多亏了民意调查，我们前所未有地拥有了有效的数据和可靠的现实证据，能够了解什么是幸福的主要来源，以及如何增加人们的幸福感。

在我看来，经济学与人及人的幸福息息相关。然而，并不是所有的经济学家都认同这一观点。即使在今天，幸福是否在经济学中占有一席之地仍是一个悬而未决的问题。在 19 世纪早期，经济学刚创立的时候，经济学与幸福的关系并未引起争议：幸福是这门新兴学科的核心，而公共福祉是它的最终关注点。古典学派的经济学家，如大卫·李嘉图（David Ricardo）、詹姆斯·密尔（James Mill）和他的儿子约翰·斯图亚特·密尔（John Stuart Mill），都支持杰里米·边沁（Jeremy Bentham）的"最大幸福原则（Greatest Happiness Principle）"[1]：行为之是，与该行为增进幸福的

---

1. 最大幸福原则（Greatest Happiness Principle）：又称"功效原则（Principle of Utility）"，也译作"功利原则"。英国哲学家边沁认为"幸福"（Happiness）或"功效"（Utility）是可以衡量的，主张谋求"最多数人的最大幸福"。

倾向成正比；行为之非，则与该行为产生不幸福的倾向成正比。
（参见图 1.1，特别是第 4 条）

整个 19 世纪，经济学家们一直用定量的方式来思考和讨论功效与幸福，然而却没有找到测量这些相关因素的方式。英籍爱尔兰裔经济学家弗朗西斯·埃奇沃思（Francis Edgeworth）或许最接近这一目标。在他 1881 年出版的《数学心理学》一书中，他提出了"快乐测量仪（hedonimeter）"的概念，这是一种衡量功效的仪器，但却并没有进行实际应用。

大约在 20 世纪初，经济学对幸福的看法突然急剧恶化。在这一转折中，意大利经济学家维尔弗雷多·帕累托（Vilfredo Pareto）是一位关键人物。他断言，经济学与幸福无关，反而应当关注决策。在他看来，经济学是一门关于选择而非结果的科学。帕累托是将经济分析形式化的先驱之一。

> 1. 认识到痛苦和快乐在人类生活中的基本作用。
> 2. 根据所带来的痛苦或快乐的量（后果）来赞成或反对某一行为。
> 3. 将善与快乐等同起来，将恶与痛苦等同起来。
> 4. 相信快乐和痛苦是可以量化的，因此也是可以测量的。

图 1.1 功效原则及杰里米·边沁遗体的画像

［感谢卡耐基梅隆大学的罗伯特·卡弗利尔（Robert Cavalier）供图］

到 20 世纪中叶，本华·曼德博（Benoit Mandelbrot）和理查德·L. 赫德森（Richard L. Hudson）对帕累托大加赞赏：

作为一名经济学家，他留下了深远的影响。在一定程度上是他引领着这个学科由亚当·斯密（Adam Smith）时期的道德哲学分支，发展成一个由科学研究和数学方程构成的数据密集型领域。他的书看起来比当时的大多数文本更接近现代经济学：跨地域跨年龄的统计数据表，一排排积分符号和方程，以及一个个复杂的图表。

帕累托关于学科目的的观点——经济学是一门关于选择的科学——统治了 20 世纪的经济学。幸福很快被摒弃，人类也随之被忽视。经济分析转而聚焦于商品的生产、分配和消费。人沦为了"生产要素"。但凡提及幸福，也只是假设它与人均商品供应有正相关关系。正如马里亚诺·罗哈斯（Mariano Rojas）所说："20 世纪上半叶的经济学家几乎对人们的幸福一无所知。但是他们掌握了一个非常复杂的框架来研究人们的决定，并解释市场均衡数量和价格。"

我本人就可以证明这是事实："毕竟是过来人，经历过。"

在 21 世纪初，我们进入了幸福经济学领域——回归到研究真实存在的人和人们的幸福，并首次对幸福进行了测量。当然，并非所有经济学家都进入了这个领域，甚至大多数都从未涉足。尽管如此，幸福学者的比例仍在稳步上升。经济学正在回到过去的好时光，那时人们是有血有肉的存在，而不仅仅是代理或生产要素。现在，我们可以测量幸福——用杰里米·边沁的话来说，我们能够了解人们的快乐和痛苦。

那么，让我们开始吧。在第一部分当中，我首先着重要讲的是每个读者都最想知道的问题：我该如何使自己更幸福？我的答案比绝大多数人的都要简单——有些人会说，这也太简单了——但我会试着把理由讲清楚。第二部分讨论了一个对应的问题：政府能否提高人们的幸福感？如果答案是肯定的，政府又是否应该努力提升人们的幸福感？第三部分阐述了人们所关心的有关幸福的一系列问题："当我们变老时会发生什么，女性更快乐还是男性更快乐，为什么有些国家比其他国家更幸福，民主会影响幸福感吗？"以及很多很多其他相关问题。第四部分则利用了我早期作为经济史学家和人口统计学家所积累的一些经验，试图从历史的角度看待关于幸福的大量研究。

　　这本书所涵盖的大部分内容都来自我近年来教授的一门关于幸福经济学的本科课程。正如人们常说的"教学相长"，我常常受到学生的启发，受益匪浅。为此，我想感谢大家和我一起学习，共同进步。

第一部分
入门课程

第 2 章
测量幸福

2.1　幸福的尺度

学生们懒散地走进教室，随性地坐下。我们即将启程，奔向幸福——不过，我看还是慢慢来吧。

美国显然不是世界上最幸福的国家，甚至还差得远呢。自2012 年以来，联合国每年都会发布《世界幸福报告》（World Happiness Report）。根据《2019 年世界幸福报告》（赫利韦尔、莱亚德和萨克斯，2019），全球幸福感最高的 10 个国家主要是北欧国家，以及加拿大、澳大利亚和新西兰。美国勉强挤入前 20，位列第 18 位，排名比英国稍稍靠前了一点。

如果你想知道幸福是如何测量的，那么你并不孤单。一旦提到幸福的测量，我们的课堂便就此开始了。

其实，我们通过询问人们的感受来测量幸福。第二次世界大战结束后不久，民意调研者们就开始问人们这样的问题："综合考虑所有的因素，你会怎样评价目前的生活——你会说自己非常幸福，比较幸福，还是不太幸福？"此后，这类关于总体幸福感的问题被纳入了世界各地的调查当中，而且至今仍是始于 1972 年的美国综合社会调查（US General Social Survey）当中的标准问题。

后来，研究人员设计了类似的问题，设置了更多选项，并且进行了广泛的应用。比如说，世界价值观调查（The World Values Survey）询问了人们的生活满意度："综合各方面考虑，你对自己当前的生活总体上有多满意？"调查设置了赋值为 1（代表"不满意"）到 10（代表"满意"）的整数选项。《世界幸福报告》中主要的幸福指标，同时也是刚才提到的幸福国家排名的基础，来自盖洛普世界民意调查（Gallup World Poll）。该调查采用了"优劣尺度"法，要求人们按照 0 到 10 的等级阶梯为自己的生活打分。在这个"生活阶梯"中，最底层的 0 级代表受访者眼中最糟糕的生活，而最高层的 10 级则代表最美好的生活。

在那些最幸福的国家，对生活阶梯这一问题的回答平均在 7 及以上，而在最不幸福的国家，人们的回答处于 3 到 4 之间。或许你会认为数值差异并不大，但仔细想想，并非如此。在印度，平均幸福指数大约为 4，只有 8.6% 的受访者能够拥有 7 或更高的幸福指数。而在最幸福的 3 个国家（芬兰、丹麦和挪威），幸福指数为 7 及以上的受访者比例几乎是印度的 10 倍，占比高达 85%。

那么，你正处于生活阶梯的哪一级呢？想想你可能拥有的最美好的生活（10）和最糟糕的生活（0）。

你的答案是什么？

如果你的答案是 7 或以上，你就和 70% 的美国受访者一样。此外，有 10% 的人回答"6"，11% 的人回答"5"。（还有 9% 的人答案低于 5，我希望你不是其中之一。）

这些关于总体幸福感、生活满意度和生活阶梯的问题目前被归纳为主观幸福感（subjective well-being）。但为了简洁起见，我将使用更不言自明的术语"幸福（happiness）"来指代这三个指标。人们能毫不费力地回答关于自身幸福的问题。（你可以吗？）无应答率通常小到可以忽略不计。

讲到这里，学生们炸开了锅，接二连三地向我提问。莉莉率先发问："但是这些回答有什么用呢？人们的心情是不断变化的。"她将目光转向一边，"也许有人今天感觉很不错，明天就不这么想了，而下周又都忘了。"

"不仅如此，"泰德附和道，"你又怎么知道人们表达了自己的真实感受？也许他们不想承认自己并不快乐。"

"没错，而且，"吉尔补充道，"莉莉和泰德口中的'幸福'是同一回事吗？我可不这么认为。凭什么认为不同人眼中的幸福是可以做比较的呢？笼统计算他们回答的平均值，仿佛他们拥有同样的幸福观似的——这在我看来毫无意义。"

这些问题都很棒，但也很难回答。接下来，让我们来依次探讨。

2.2　短暂地起伏？

莉莉担心的是：人们的幸福评分取决于他们在被问及这个问题时的情绪，而情绪每时、每日、每周都在波动。也许受访者当下恰好心烦意乱，而他们的回答仅仅反映了这种转瞬即逝的心情。

情绪的确非常多变，但幸福问题询问的是一个人的整体生活状态，而不是受访者某一时刻的感受。心理学家发现，当人们被问及关于生活状态的问题时，答案即使不尽相同，每天或每周的变化也相当微小。

心理学家是利用回答的"信度"来验证这一点的。他们采用"重测信度法"，在几天或几周的时间里对同一个人进行多次调查，以观察他们的回答是否一致。对于我刚刚描述的三个关于幸福的问题，他们通常会发现那些在第一次调查中说自己很幸福的人在之后的调查中也很幸福；不幸福的受访者基本上也一直不幸福。在以往的本科课堂上，我对学生进行了连续几周的调查，发现情况也是如此。这并不意味着受访者（无论是不是学生）在每次调查中给出的答案完全相同。有些人可能会从7降到6或升到8，但很少人会降到5以下，也极少有人会从5以下跃至6或7。尽管情绪可能时有波动，但受访者似乎明白，幸福问题所关注的是他们的总体生活，而不是他们的短暂情绪。在短期内，他们对生活的总体评估变化相对较小。因此能够证明，幸福问题的回答实际上是"可靠的"。

此外，心理学家还开发了专门用于了解瞬时情绪的针对性调查问题。例如，研究人员会问："在过去的24小时内，你生气的频率是大多数时间、部分时间、少数时间，还是根本不生气？"需要注意的是，这个问题中的时间段是"最近24小时"，因此这一问题关注的是短暂的心理状态。把"生气"换成"悲伤""沮丧""高兴"之类的词——且不说"幸福"——你就能大致了解这些调查所涵盖的多种情绪。然而，对瞬时情绪的测量不应该与对生活状态的评判混为一谈，后者体现在对总体幸福感、生活满意度和生活阶梯等问题的回答当中。关于整体生活的问题采用的是评估性的测量方法，因为它们要求被调查者从问题中抽身，整体地评估自己的生活；关于瞬时情绪的问题则采用体验性的测量方法，因为它们指的是最近的体验。

我给大家举一个例子来解释幸福的评估性测量和体验性测量究竟有什么区别。我与妻子正乘坐从洛杉矶到巴黎的夜航班机，我们计划在巴黎进行为期一周的游轮度假。我们的后排坐着一对寻欢作乐的人，彻夜狂欢，让人无法入睡。第二天，在我们入住的巴黎酒店的大厅里，一位勇敢的采访者抓住我，问道："综合考虑各种因素，你会如何评价这些日子的生活——你会说自己非常幸福，相当幸福，还是不太幸福？"考虑到我的总体情况——我和妻子在巴黎，要去坐游轮——我毫无疑问会回答"非常幸福"。但假设采访者问的是："在过去的 24 小时里，你感到快乐的频率是多少？是大多数时间，部分时间，少数时间，还是根本不快乐？"考虑到我在飞行过程中一直处于恼火状态，我最多只能回答"少数时间"。第一个问题是评估性的，询问的是我的总体生活状态；第二个问题则是体验性的，询问的是我前一天的情绪。

我着重要讲的是评估性的测量方法，这些方法通常是可靠的。正如大家所预料的那样，相对而言，体验性的测量方法得出的结果相当不稳定。

2.3　实话实说？

你的回答是胡编乱造的吗？

泰德担心的是：人们可能不会说出他们的真实感受——例如，人们不想承认自己不幸福。心理学家也一直在努力研究这个问题。为了评估幸福评分的真实性，也就是所谓的有效性，心理学家将被调查者的主观幸福感与那些很了解他们的人的评价进行了比较，这些人包括配偶或伴侣、亲戚、朋友、同事，等等。结果发现，那些认为自己幸福的人在别人眼里也是幸福的，而"不幸福"的回答也得到了他人的证实。

同样，临床评估通常与受访者的自述报告呈正相关：那些被临床医生认定为抑郁的人通常会认为自己不幸福。自述幸福感的有效性也可通过与面部表情的关联求证。"非常幸福"的受访者微笑和大笑的次数更多。此外，脑电波和压力的生理测量结果进一步证实了自述幸福感。如此看来，人们似乎还是对采访者透露了他们的真实感受，坦陈了他们是幸福还是不幸福，以及程度如何。

我的本科学生们没有掩饰——我猜你们也不会。

2.4 因人而异?

"尽管如此，即使每个人都如实回答，并且每周给出的答案都始终如一，那么我们又该如何比较大家的幸福呢?"吉尔提出了这个问题。

正如之前我们对于《世界幸福报告》的讨论，可比性在跨文化比较当中是一个重要问题。在不同的文化中，幸福可能具有不同的含义。比如在印度尼西亚这样以穆斯林为主的国家和美国这样的多元文化国家，幸福的含义并不相同。

吉尔的问题非常专业。在经济学领域，我们在讨论人际效用比较的可行性时，常常提到可比性一词（在我们的语境里，也就是幸福感的人际比较）。经济学中的假设是：不行，不可能——让你的邻居感到幸福的事并不一定会让你幸福。绝非如此，根本不能比较！

但可靠的实证数据表明，可比性可能并不像乍一听那样是个大问题。其实，对世界上绝大多数人来说，幸福的来源大致相同。20 世纪 60 年代早期，社会心理学家哈德利·坎特里尔（Hadley Cantril）在世界上 13 个国家——其中包括了发达国家和落后国家，共产主义国家和非共产主义国家——进行了一项调查，充分验证了这一点。在面对面采访中，研究人员要求人们首先充分地描述对他们个人来说真正重要的事情——让他们想象未来最美好的画面，想象那时的自己将会非常幸福。还会问人们另一个关于恐惧和担忧的类比问题——想象未来最糟糕的画面。而后，人们会看到一个从 0 到 10 级的生活阶梯，并且回答自己目前正处于哪一级。在这个生活阶梯中，10 级代表最美好的生活，0 级则代表最糟糕的生活。

"等等，教授——这就是盖洛普世界民意调查中的生活阶梯问题，对吧？"泰德问道。

它们看似相同，但其实有一个重要的区别。这份讲义列出了盖洛普和坎特里尔调查中的具体问题（表 2.1）。

表 2.1 盖洛普世界民意调查和坎特里尔调查中的
生活阶梯问题（课程讲义一）

1. 盖洛普世界民意调查

请想象面前有一个阶梯，从最底层的 0 级到最顶层的 10 级，最顶层代表了最美好的生活，最底层则代表最糟糕的生活。你觉得现在自己正站在阶梯的哪一级呢？假设台阶越高，越觉得生活美好，台阶越低，越觉得生活糟糕，哪一级台阶最接近你的感受呢？

2. 哈德利·坎特里尔的调查

① 我们每个人都想在生活中有所收获。当你思考自己生命中真正重要的事时，你对未来的期许是什么？换句话说，当你想象未来最美好的画面，你将来非常幸福的时候，你的生活会是什么样的？不用着急，这个问题很难用语言表达。

可选问题：你对未来的期待是什么样的？生活要变成什么样，你才会非常幸福？你还需要什么才会觉得幸福？（如果有必要，可以使用"梦想"和"欲望"这两个词）

必选问题：还有补充的吗？

② 现在，从另一个角度来看，你对未来的恐惧和担忧是什么？换句话说，想象未来最糟糕的画面，你的生活会是什么样的？不用着急回答。

可选问题：什么会使你不幸福？（强调"恐惧"和"担忧"这两个词）

必选问题：还有补充的吗？

③ 这是一个阶梯，假设阶梯的最顶层（研究人员指出此处）代表最美好的生活，最底层（研究人员指出此处）代表最糟糕的生活，你觉得自己正处于阶梯上（研究人员用手指在阶梯上快速上下滑动）的哪一级？第_____级

需要注意的是，在坎特里尔的调查中，受访者必须停下来想一想，然后口头描述他们心中最美好的世界和最糟糕的世界。我给大家举个例子，一位印度农业工人[1]这样描述对他来说最美好的生活：

---

1. 农业工人（Agricultural Laborer）：指的是从事农业的工人。与农民不同，农业工人由农业资本家雇佣进行劳动，不占有生产资料。

我想要一个儿子和一块土地，因为我现在在别人的土地上工作。我想建个自己的房子，养一头奶牛，这样就能喝牛奶，吃酥油。我还想给我老婆买几件体面点儿的衣服。如果能这样，我就会非常幸福。

盖洛普世界民意调查并不要求受访者像这样先对最美好的生活进行描述。所有的受访者只需要说出他们在生活阶梯上的位置。你会发现，坎特里尔调查其实能够深入了解人们在评估自身幸福感的时候究竟在想什么。

坎特里尔研究中的开放式问题十分具有开创性。受访者可以畅所欲言，尽可能地描述影响幸福的情境。这样一来，这些问题引导受访者说出了关于最美好和最糟糕的生活的大量信息——当被问及幸福来源时，他们所想到的一切。就这一点来说，无论是过去还是现在，这项研究都打破了惯例。一般来说，这类调查问题都会给受访者提供一系列选项。我给大家举个例子。经济合作与发展组织（Organization for Economic Cooperation and Development，OECD）是政府进行幸福调查的主要推手，该组织在 2018 年发表了一篇题为《对人们来说什么最重要？》的论文。这篇论文中的调查为这一问题预先列出了 11 个可能的答案。因此，回答这一问题时，受访者必须从统计学家挑选的这 11 个选项中选择一个或多个作为自己的答案。毫无疑问，统计学家们竭尽了全力来解读人们的内心，但他们要大失所望了。比如说，这 11 个选项并没有包括家庭环境，但我们会发现家庭环境对大多数人来说都至关重要。与经合组织的方法不同，坎特里尔的调查并不会特意引导受访者。

然而令人惊讶的是，坎特里尔调查中的开放式问答远远没有得到应有的关注。但我会在接下来的课程中多次提到。

虽然坎特里尔的调查是开放式的，但人们的回答却十分雷同。通常情况下，世界各地大多数人会认为对他们个人幸福来说最重要的是他们投入了很多时间的事和自己有能力控制的事。所有国家排在前三的选项都是：经济状况、家庭环境和健康问题。

最常被提及的是与个人经济状况有关的事——比如生活水平、工作或休闲时间，通常多达 80% 的人会提到这个问题。排在第二位的是与家庭环境有关的问题——比如良好的家庭关系和孩子的养育，40% 至 50% 的人会提及。人们同样频繁地提到了与自己和家人健康有关的问题。迄今为止，当人们被问及"什么对于他们的幸福来说最重要"时，以上三个选项是最常见的。

那些脱离大多数人日常生活而且几乎不影响个人生活的社会和政治问题，例如言论自由、社会经济不平等和国际关系，通常不会被提及，除了战争这样的灾难。相反，人们认为对于他们的幸福来说重要的事正是那些占据了日常生活且普遍认为有能力改变的事情。这些事情的具体类型——比如"经济状况"的具体内容——可能会因国家而异。因此，在农业社会，答案可能是"拥有自己的农场"，在工业国家，答案则可能是"提供良好晋升机会的工作"。但总体来说，无论具体指的是什么，经济状况在人们幸福的影响因素排名中位居榜首，其次是家庭和健康问题。正是这种幸福来源的全球相似性证明了幸福比较的合理性——用经济学家的术语来说，这验证了人际效用比较的有效性。在评估自身的幸福感时，大多数人都使用了相同的标准：他们主要会考虑自己的经济状况、家庭环境和健康问题。由于这些因素在主观幸福感中占主导地位，我们的整个课程会主要关注这些因素。

在我们的课堂中，我主要根据平均关系来进行归纳，我所引用的其他研究人员也是如此。此处关于幸福来源的全球相似性的探讨正是基于各国的平均水平。当然，引致幸福的具体因素因人而异。但是，当我们研究某些人群——富人和穷人、男人和女人、美国人和印度尼西亚人——差异通常会被平均化，而幸福来源基本相同的绝大多数人主导了研究结果。

2.5　幸福测量方法：主观与客观的较量

"好吧，在我上过的其他经济学课程中，"泰德说，"幸福指的就是收入。我觉得这种测量方式十分直截了当，可以避免所有问题。为什么不继续用呢？"

泰德，答案显而易见，我们正在学习怎样可以更好地测量幸福。正如你所说，直到现在人们的幸福感依然仅仅基于所谓的客观数据，也就是个人评价以外的信息。经济学家尤其倾向于使用客观的测量方式。我们稍后会看到，这是因为他们并不愿意相信人们所说的话，不相信所谓的自述报告。他们的假设是：人们的收入增加意味着他们的生活状况好转了。但请注意，被研究的个体并没有选择这种测量方式或得出这种结论。与此不同的是，幸福经济学所采用的方法及其得出的数据基于被评估主体的判断，因此是一个全新的出发点。因为个体是信息的唯一来源，所以幸福感测量又被称为主观测量。

如果客观的测量方法能准确地洞悉人们的真实感受，那就方便多了。对客观测量方法的质疑推动了幸福感这样的主观测量方法的发展。社会心理学家安格斯·坎贝尔（Angus Campbell）是研究主观测量方法的先驱，他明确表明了对客观数据的质疑：

> 我不认为像挣多少钱这样的客观测量方法……与对"这种"生活状况的主观满意度之间的对应关系足够密切到可以互相替换。

其实现在我们会发现，幸福的主观测量结果和客观测量结果甚至可以完全相反。正如我们看到的，在20世纪90年代的某个国家，人们的收入增加了，但生活满意度却下降了。对于致力使用客观测量方法的经济学家来说，这是令人沮丧的事实（图2.1）。借用已故福利经济学家E. J. 密山（E. J. Mishan）的话来说：

> 有一种诱惑……就是对人类探求真理的执着追求失去耐心，坚持认为如果王家和郑家的"实际"收入都增加10%，他们就会过得更好……但是……如果福利指的是人们的体验，就无法不为此义愤填膺。

简言之，如果人们说，即使他们的收入更高了，买的东西更多了，他们也没有感觉到生活更美好，或者感觉更糟了（但愿不是如此），那么我们这些观察者又有什么资格反驳他们呢？

图 2.1　经济学家正在深入思考主观测量方法

（图片来源：Deagreez/iStock photos）

事实上，正如我们看到的，可能是一些心理因素导致人们即使有了更多钱和更丰厚的物质条件，也不会觉得生活更美好。所以，如果我们的目标是了解人们的真实感受，像收入这样的客观指标是不可靠的，而想要得到准确的答案，就需要主观指标。

在幸福经济学中，人们的感受才是最重要的。

2.6　最佳测量方法？

泰勒举手提问："听起来很不错。但一会儿这个方法，一会那个方法——哪一个方法才是最好的呀？"

好问题，泰勒。我已经谈到了测量人们主观幸福感的三个全球性指标——总体幸福感、生活满意度和生活阶梯。那么，哪种方法能最好地评估人们的真实感受？这个问题非常棘手，因为没有明确的答案。我认为答案其实不太重要。对于我们大多数人感兴趣的幸福问题，不同的测量方法通常会得出相同的结果。

我给大家举个例子。假如我们很想知道贫困程度究竟上升了还是下降了，我会引用美国人口普查局（US Census Bureau）不久前发布的一个统计表，这个表格展示了 15 个不同的贫困率指标（你没看错，是 15 个！）连续 12 年的估值。在这些年里，贫困率指标低至 10%，高至 20%。虽然在特定时间点，这些指标的数值有很大的不同，但无论选择哪一种指标，每过一年或更长时间的贫困率是否增减及增减幅度的大小几乎是一样的。例如，从 1979 年到 1983 年，15 项指标中的每一项都表明贫困率增加了，而且增幅几乎相同；最小变化是 2.9%，最大变化则是 3.8%。简言之，15 项指标都表明贫困率上升了约 3%。

同样，这三种主观幸福感的测量方法给出的答案在特定时间点上虽有不同，但对幸福感的历时变化、不同人群（如富人和穷人）之间的幸福感差异以及统计关系的描述极为相似。我们真正感兴趣的正是这些话题。例如，在美国，幸福指数为 7.4（数值范围为 0—10），这对大多数人来说并不意味着什么，但如果报道幸福指数显著下降却能引起人们的注意。

研究主观幸福感的最佳测量方法毫无疑问是极富价值的，但由于不同的测量方法所讲述的故事有相似之处，没有必要挑出某种最好的方法，而摒弃其他方法。

相反，最好是利用现有调查中使用的任意测量方法，我就是这么做的。

那么，让我们看看这些测量方法能否告诉我们什么使人感到幸福。

第 3 章

金钱能使人幸福吗？

3.1 幸福－收入悖论

学生们再次入座，我们又要开始上课了。今天，我将用美国第 33 任总统 [1] 的话来开启我们的课程。

哈里·S.杜鲁门有一句名言："所有的经济学家都说，'一方面……但另一方面……'请给我找个'只有一只手的经济学家'。" [2]

如果被问到："收入增加会让你更幸福吗？"你的答案很可能是肯定的。在全国调查中，对这个问题的回答几乎也都是肯定的。各行各业的人都认为越有钱就越幸福。但这仅仅是人们一厢情愿的看法，而有时事与愿违。为了更好地回答这个问题，我们需要人们的幸福和收入数据，这样我们就可以知道这两者是否相关，又如何一同变化。

---

1. 美国第 33 任总统是杜鲁门。
2. 经济学家经常使用"一方面"（on the one hand）和"另一方面"（on the other hand）这种模棱两可的说法，而杜鲁门希望他们能够有明确的立场，提供明确的结论，只希望听到一个答案，故称自己想要找个只有一只手的经济学家（one-handed economist）。此处杜鲁门使用了英文双关语（pun），"hand"在词组中表示"方面"，兼有语义"手"。

哈里·杜鲁门一定会对实证结果极为不满，因为事实证明，只看部分的数据就像管中窥豹，所得极为有限。一方面，一些回答是人们在某一特定时间点给出的（横截面数据）；另一方面，一些回答则是人们在不同时间点的反应（时间序列数据）——而这两者截然不同。在横截面数据中，收入越高的人越幸福，但在时间序列数据中，收入增加并不会伴随着更强烈的幸福感。然而，凡事总有例外——有些收入高的人并不快乐。但是，我们关注的是一般情况或典型情况。在我们的讨论中，也将会以这种方式来归纳什么使人更幸福。

幸福和收入在同一时间点的正相关关系不仅适用于国家内部个体间的比较，也适用于国家之间的比较：富裕的国家通常比贫穷的国家更幸福。然而，时间序列数据表明，随着时间的推移，在收入增长更快的国家，幸福感并不会增长得更快。

那么，让我们进一步思考横截面数据和时间序列数据之间的区别。无论是针对个体还是国家的横截面研究，都是在比较某一个特定时间内所进行的调查中收集的幸福与收入数据。相比之下，时间序列调查通常是年复一年地对同一个人或同一群人进行连续的调查，收集他们的幸福和收入数据。因此，在横截面研究中，收入对幸福感的影响并不是由某个人自身收入变化时幸福感的变化所决定，而是由收入不同的人的幸福程度所决定的。用密歇根大学的社会学家阿兰德·桑顿（Arland Thornton）的话说，横截面研究相当于"侧面读史"。

横截面研究试图通过人们在某一时间点的差异来弄清随着时间的推移人们会发生什么，那么这样的研究究竟存在什么样的问题呢? 让我给大家具体讲一讲。假设在 2010 年,每个叫玛丽的人都比叫约翰的人更有钱且更幸福。在这一时间点上的差距意味着如果从 2010 年到 2011 年每个叫约翰的人都有了更高的收入,那么他们的幸福感也会增加。

然而,正如山姆所唱的那样:"任时光匆匆流逝,基本法则万事循。"[1]

横截面研究让时间停滞了。因此,为了搞清人们的收入改变时幸福感究竟发生了什么样的变化,我们需要利用时间序列数据追踪同一个人或群体,观察他们的幸福感从某一时间点到下一时间点,随着收入改变发生了什么样的变化。毫无疑问,时间序列分析比横截面研究更可取,因为我们想要观察的是,当人们的收入实际上升或下降时,幸福感究竟发生了怎样的变化。根据刚才这个简单的例子,时间序列研究将在 2010 年和 2011 年对所有名叫约翰的人进行调查,并基于这两年的数据,分析他们的幸福和收入是否一同改变。

那么究竟答案是什么呢?

时间序列研究结果与预期相悖——名叫约翰的人有了更高的收入,但却并没有变得更幸福。

不幸的是,与横截面研究相比,分析家更不乐意做时间序列研究,因为会遇到更多的问题,特别是在选项的一致性方面。例如,假设在第 1 年,关于幸福的问题选项有"非常幸福""相当

---

1. 歌词原文:"The fundamental things apply/As time goes by." 这句歌词出自电影《卡萨布兰卡》的插曲《任时光流逝》(*As time goes by*),山姆(Sam)为电影中的一个角色。

幸福"和"不太幸福"三种选项，但在第 2 年，中间的选项"相当幸福"被替换为"比较幸福"。那么，即使人们的幸福感在这两年里没有发生变化，措辞的改变也会影响人们是否选择中间选项，并造成一种幸福感改变的假象，然而实际上并没有发生变化。在不同来源或者不同年份的调查问卷中，有时选项确实会出现这样的差异。由于类似的可比性问题，许多研究人员回避了时间序列分析，而专注于横截面研究。然而，我主要采用的是时间序列研究，但为了确保不同时期的幸福感回答具有可比性，我所做的时间序列研究均基于经过验证的数据。

最初的时间序列研究发现，一个国家的幸福水平不会随着人们收入的增加而提升，这一发现仅基于美国的数据，因为在 1974 年的标杆性研究中，美国是唯一一个有长期时间序列数据的国家。然而，随后的研究验证了这一结果。随着幸福数据越来越多、逐渐累积，其他发达国家也呈现出同样的零结果，最终从社会主义向资本主义转型的国家以及欠发达国家也验证了这一发现。根据美国的数据（目前可用的最长时间序列数据），在过去的 70 年里，幸福感的长期趋势是持平的，甚至是下降的，而实际收入[1] 则增长了两倍。

所以，结果如下：一方面，横截面数据表明，收入越高确实能够带来更多幸福感；另一方面，时间序列数据所给出的答案则否定了这一结论。哈里·杜鲁门要是听到这样的答案，一定会怒气冲天。

---

1. 实际收入是指去通货膨胀化的收入，可以进行不同年代的比较。

在经济学中，横截面结果与时间序列结果相悖的情况并不常见，但并非史无前例。几年前，一个类似的谜题，储蓄—收入悖论，也曾经在经济学领域引发热议。在这一谜题中，研究表明，横截面数据显示，随着收入的增加，储蓄占收入的百分比也会增加。然而，随着时间的推移，尽管收入呈上升趋势，储蓄与收入之比却维持在了相当稳定的水平。用我刚才举的例子来说明这个问题，在横截面数据中，所有名叫玛丽的人收入都比名叫约翰的人高，而且储蓄占收入的比例也更高。然而，随着时间的推移，约翰们和玛丽们的收入增加了，但却都没有提高自己收入的储蓄比例。

幸福—收入悖论与储蓄—收入悖论惊人地相似——横截面关系为正，时间序列关系为零。因此，幸福—收入（伊斯特林）悖论指的是：

在某一时间点上，无论在国家内部，还是在国与国之间，幸福与收入都成正比变化；然而，随着时间的推移，幸福感的变化趋势与收入的变化趋势并不呈正相关关系。

请注意，不呈正相关关系的是幸福和收入的长期趋势。从短期来看，幸福和收入通常会同步上升或下降。2007 年到 2009 年的经济大衰退（Great Recession）就是这种短期关系的最新案例。随着美国人收入的急剧下滑，幸福感骤降到了历史最低水平。而后，随着经济的复苏，人们的幸福感又回升了。每年都收集幸福数据的欧洲和拉丁美洲国家，也显示了类似的幸福感和收入的短期同步变化。

那么，短期和长期的区别是什么呢？我还是要用一个案例来说明。在一次门诊中，医生问德里克："你最近有注意自己的体重吗？"

德里克自豪地回答："有呀！我瘦了 2 磅。"

"很好，"医生边查看他的病历边说，"但是现在你比我去年同一时间见到你时重了 5 磅。"

德里克仅仅关注了短期变化，而医生则着眼于长期变化。在短期内，德里克的体重会上下波动，他的回答只反映出最近体重下降了。就目前而言，确实如此。但医生并不看重德里克体重的短期波动，而是试图确定德里克体重的长期趋势。

我们可以在图 3.1 中看到幸福和收入之间的短期和长期关系。

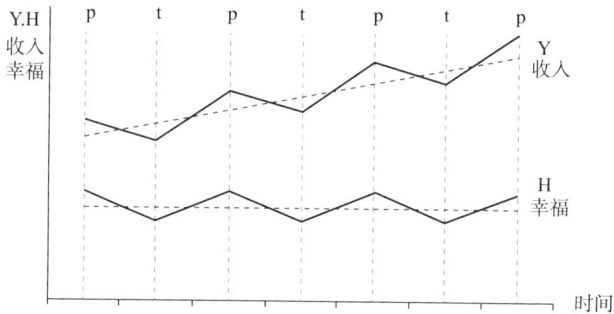

图 3.1　幸福与收入的短期波动和长期趋势（课程讲义二）

我们会看到，幸福和收入的高峰和低谷（"p"和"t"）是同时出现的。因此，在短期关系（实线）中，幸福和收入是一起波动的。但是，如果我们用一条趋势线来确定每个变量的长期趋势（虚线），就会发现，收入的上升并没有伴随幸福感的上升。收入在上升的趋势线附近波动，而幸福感则在水平的趋势线附近波动。幸福和收入的短期波动是正相关的，而长期趋势则不是。

把握短期和长期关系之间的区别——即短期波动的正相关关系和长期趋势的零相关关系之间的区别——至关重要。当然也有人误解幸福—收入悖论，例如，一位杰出的经济学家黛安娜·科伊尔（Diana Coyle）认为，"当你想起在经济衰退期，国内生产总值（GDP）只下降一点人们就会感到非常不幸福，你就更容易发现'国内生产总值上升不会增加幸福感'这一观点的愚蠢之处"。科伊尔错误地引用了幸福和收入短期波动的正相关关系来驳斥两者长期趋势的零相关关系。我们之后会发现（详见本书第14章），这是一个常见的误解。

另一个误解是：幸福—收入悖论认为，从长远来看，幸福是恒定不变的。然而，这一悖论并不只是关于幸福，而是关于幸福与收入的关系。各国的幸福指数可以呈上升、持平或下降的趋势。幸福—收入悖论所指的是：幸福和收入的长期趋势没有系统相关性。一个国家收入的急剧上升并不意味着幸福指数也会随之增加。巴西就是很好的案例。从 1990 年到 2012 年，虽然巴西的实际人均国内生产总值增长率[1]不高，但巴西的幸福指数呈上升趋势。

---

1. 实际人均国内生产总值增长率＝（本期实际国内生产总值 – 上期实际国内生产总值）/ 上期实际国内生产总值 ×100%。实际国内生产总值（Real GDP），是用从前某一年作为基期的价格计算出来的当年全部最终产品的市场价值，用于衡量两个不同时期产品产量的变化。

3.2　解决悖论

没有人会对幸福—收入悖论的横截面部分有异议——幸福和收入同步变化，这是众所周知的结论。烦人的是时间序列关系——也就是零关系。这一点尤为令人烦恼，因为时间序列结果体现出了收入增加时人们的幸福感所发生的真实变化。

为什么会这样呢？横截面数据显示，收入更多就更幸福，但时间序列数据则显示，高收入根本没有影响。难道一部分的悖论是正确的，而另一部分是错误的吗？有没有可能两部分都是正确的呢？若是如此，又是为什么呢？

答案是：这两部分都是正确的，两者的矛盾之处可以通过社会比较这一概念来调和。为了了解社会比较的本质，让我们从一个简单的思维实验开始：想象一下，你的收入大幅增加，而你认识的每个人的收入都保持不变。你会更幸福吗？大多数人，包括我教过的所有本科幸福课上的绝大多数学生，都会回答"会"。

那么，现在让我们反过来问。假设你的收入保持不变，而其他人的收入大幅增加。你的幸福感会发生什么变化？大多数人，包括我的大多数本科学生，都表示自己的幸福感会降低。他人的收入会影响你对自己收入的满意度。换句话说，你在进行社会比较，也就是根据他人的情况来评估自己的处境。无论有意还是无意，人们总是在将自己和他人进行比较。

让我们试试另一个思维实验，这个实验能够更直观地体现社会比较的效果。但在此之前，让我们先厘清"收入"这个词的含义：我所说的"收入"指的是实际收入，即收入能买到什么。让我们想想这个问题：每年 3 万美元的家庭收入是否属于高收入？答案取决于 3 万美元能买多少东西。在 1950 年，当物价还不到现在的十分之一时，3 万美元是一笔高收入——它可以买到的物品是现在同等金额的十倍以上。如今，3 万美元是一个低收入家庭的年收入。根据美国劳工统计局（US Bureau of Labor Statistics）的数据，在 1950 年，年收入 3 万美元的家庭属于社会中收入最高的 3%；在 2018 年，这一收入被列为收入较低的 30%。当我们比较人们的收入或观察收入的变化时，都是在讨论调整价格差异后的实际收入。换句话说，就是这样的收入能买到什么。

许多经济学家和分析家经常使用人均国内生产总值（Gross Domestic Product，GDP）作为国家人均收入的近似值，因为国内生产总值的统计数据很容易获得。当我提到人均国内生产总值时，指的是实际人均国内生产总值，即一个国家所创造的商品和服务的人均值。

好啦，抱歉扯远了，但我在之前的课程中发现，有必要厘清"收入"的概念以免混淆。现在，我们来看下一个思维实验：

1. 想象一下，你即将毕业并且选择自己的第一份工作。你想选哪一个，A 选项还是 B 选项？

A）一毕业就赚到 10 万美元。

B）一毕业就赚到 5 万美元。

这个选择题很简单。毫无疑问，大家都会选 A 选项。

2. 假设 A 和 B 选项如下所示。你会选哪一个，A 选项还是 B 选项？

A）一毕业就赚到 10 万美元，而其他毕业生赚到 20 万美元。

B）一毕业就赚到 5 万美元，而其他毕业生赚到 2.5 万美元。

没那么容易了吧！我猜你会犹豫不决。

现在，10 万美元的选项有一个缺点，那就是其他人的收入将是你的两倍，而 5 万美元的选项则扭转了你与他人的对比情况，使你的收入变成了其他人的两倍。其实，在我之前的本科课程中，大约有三分之二的学生转而选择了 B 选项。他人的收入大大影响了他们对自身收入的满意度。即使绝对金额更少了，他们也更希望自己比别人赚得多。

几年前心理学家丹尼尔·卡尼曼（Daniel Kahneman）和阿莫斯·特沃斯基（Amos Tversky）（图 3.2）的一个发现十分关键。他们发现，当人们评估一个特定的情况时，脑海中通常会有个参考水平，也就是一个用来进行判断的内在基准。在很多情况下，参考水平是通过社会比较（观察他人的情况）建立的。例如，一个身高 5 英尺[1] 9 英寸[2]的男人是高个儿吗？答案取决于身高参考水平。在印度，男性的平均身高是 5 英尺 6 英寸，那么他可能会被认为是个高个儿。但在美国，男性的平均身高是 5 英尺 10 英寸，所以他就不会被认为是高个儿了。美国男性的身高参考水平

---

1. 英尺：1 英尺约合 = 0.30 米。
2. 英寸：1 英寸 = 2.54 厘米。

高于印度男性，因为"其他男性"——与他们进行比较的人——平均比印度男性高得多。

图3.2　悠闲的心理学家们：阿莫斯·特沃斯基和丹尼尔·卡尼曼

（感谢芭芭拉·特沃斯基供图）

同样，我对某一金额的个人收入的感受——无论是觉得多还是觉得少——取决于我的收入与他人的收入相比如何，也就是说，我的收入与参考收入水平相比是高还是低。第一个思维实验仅仅询问了我是更想要 5 万美元的收入还是 10 万美元的收入，并没有提到其他人的收入。这个实验中隐含的条件是，我和其他受访者都会忽略他人的收入水平，假设他人的收入没有发生变化。因此，我判断选 A 我会更快乐，那是因为我的绝对收入高于 B。但是，当事实证明别人的收入也在增加，比如第二个问题，我就会倾向于比其他人收入更多的选项，即使我的绝对收入小于选项 A。正如身高的案例，一个 5 英尺 9 英寸的美国男人是高还是矮取决于美国男性的平均身高。我判断自己的收入是多还是少，并不是看它绝对数值的大小，而是看它与其他人的收入相比是多还是少。

"那么，为什么人们会认为收入越多越幸福呢？"莉莉困惑地问。

莉莉，想一想，这个问题和思维实验中的第一个问题有什么相似之处吗？在这两种情况下，人们都设想自己的收入增加，而其他人的收入没有增加。然而，在现实世界中，随着经济总产出的增加，大多数人的收入通常会或多或少地同时增加。因此，收入参考水平（他人的收入）随着个人收入的增加而增加，收入增加对幸福感的净影响几乎可以忽略不计。每个人都在经历着一种双重影响：自己的收入增加对自身幸福感的积极影响，以及他人收入增加对自身幸福感的消极影响。当然，有些人的收入增幅高于平均水平，他们的幸福感则会相应增加。但是，如果有些人实现了收入排名的上升，从而幸福感上升，就必然会有人落后，幸福感降低。总体效果就是大家的平均幸福指数没有变化。

3.3　美好生活：渴望与拥有

自20世纪70年代中期以来，罗珀组织（Roper Organization）每年都会进行民意调查，其中包括了"美好生活"问题（Good Life Question）。针对该问题的回答体现了收入的参考水平如何随着收入的增加而增长。每位受访者都会拿到一张清单并被问道："当你想到美好生活——你渴望拥有的生活时，这个清单上的哪些选项(如果有的话),就你个人而言,是美好生活的一部分?"在受访者选择了清单上构成美好生活的选项(也就是他们想要的东西)之后,会被要求指出(清单上)所有现在已经拥有的东西。因此,这些答案能够体现他们想要什么以及拥有这些东西的程度。我们可以把他们拥有的东西看作是收入多少的体现,而把他们想要的东西看作是收入参考水平,也就是他们评估自己拥有多少东西的基准。

在"美好生活"清单上有十种高价消费品,从房子、汽车、电视机,到出国旅行、游泳池和度假小屋(详见表 3.1 中的具体问题及回答选项)。随着时间的推移,收入逐渐增长,人们通常会获得更多昂贵的消费品——换句话说,他们会拥有得更多。但他们的调查回答显示,他们想要的东西也在变多,而且增长的程度与他们拥有的东西差不多。举一个简单的例子:在大学毕业的时候,约翰们都有了车和电视,在毕业后的 5 年里,他们每个人都有了自己的房子和第二辆车。因此,他们拥有的高价商品的数量平均增加了两件。然而,在同一时期,每个人想要的美好生活物品清单也增加了两项——比方说,增加了一个游泳池和一个度假小屋——因此他们拥有的高价物品的数量和他们渴望拥有的高价物品的数量增幅相同。想要的商品数量与拥有的商品数量增幅相同这一事实表明,收入参考水平——用来衡量一个人拥有什么东西的基准——正随着收入的增长而增长。

那么,结论是什么呢?

拉尔夫·沃尔多·爱默生(Ralph Waldo Emerson)的话极具说服力:"欲望是一个不断长大的巨人,拥有的外衣永远穿不下。"

表 3.1 罗珀调查中的"美好生活"问题（课程讲义三）

我们经常听到人们谈论自己所向往的生活。以下有一系列不同的选项。		
1. 当你想到美好生活——你渴望拥有的生活时，这个清单上的哪些选项（如果有的话），就你个人而言，是美好生活的一部分？		
		美好生活的一部分
高价消费品	一个属于自己的房子	
	一个院子和草坪	
	一辆车	
	第二辆车	
	一个度假小屋	
	一个游泳池	
	出国旅行	
	一个彩电	
	第二个彩电	
	漂亮衣服	
家庭	幸福的婚姻	
	没有孩子	
	一个孩子	
	两个孩子	
	三个孩子	
	四个孩子或以上	
	孩子们接受大学教育	
健康	良好的健康状态	
工作	一份有趣的工作	
	一份报酬超过平均收入水平的工作	
	一份对社会有贡献的工作	

		已经拥有的东西
2. 现在，请你重新浏览一遍清单，选出其中自己已经拥有的东西。		
高价消费品	一个属于自己的房子	
	一个院子和草坪	
	一辆车	
	第二辆车	
	一个度假小屋	
	一个游泳池	
	出国旅行	
	一个彩电	
	第二个彩电	
	漂亮衣服	
家庭	幸福的婚姻	
	没有孩子	
	一个孩子	
	两个孩子	
	三个孩子	
	四个孩子或以上	
	孩子们接受大学教育	
健康	良好的健康状态	
工作	一份有趣的工作	
	一份报酬超过平均收入水平的工作	
	一份对社会有贡献的工作	

人们拥有的与想要的高价消费品之间的数量差值没有发生改变。实际上，收入（人们拥有的）和收入参考水平（人们想要的）增加了相同的数量，而未被填满的需求缺口则保持不变。当

收入增加时，幸福感并没有增加，因为收入参考水平也在迅速上升。

3.4　回顾社会比较

"我不知道，"泰德打断道，"我不认为我们这一代人有那么物质。"

也许不是这样，泰德，但社会比较比你想象的要普遍得多，而且不仅仅适用于收入。这是日常生活中常见的现象。当茱莉亚发现班里大多数学生（她的参考水平）的统计学都得了 A 时，她从自己得了 A 这件事当中获得的快乐就突然减少了。当马特得知他的100 米短跑速度在他的年龄组（或同期群——他的参考水平）中很普遍时，他就不那么自豪了。在许多情况下，有意无意地，我们总是将自己和别人进行比较。

可以肯定地说，社会比较无处不在。在我发表关于幸福—收入悖论的文章后不久，我与我的同事——已故的欧文·克拉维斯（Irving Kravis）共进午餐。他刚刚从中国回来，那时的中国主要以蓝色调的服装为主。我问他，在这种情况下，人们的衣着是否能显示出身份地位。他立刻回答说："哦，可以，有一块手表就能。"

"天哪。"泰德摇了摇头。

确实令人惊讶。

先前在讨论幸福的客观与主观测量的时候，我指出，也许有一个很好的心理原因可以解释为什么当收入增加时幸福感不会增加（详见本书第 2 章）。我们现在知道它是什么了：社会比较。当他人的收入增加时，每个人的收入参考水平都会上升，从而削弱了自身收入增加对幸福的积极影响。

社会比较不仅解释了幸福和收入长期趋势之间可以忽略不计的关系，也能够解释两者横截面数据的正相关关系。在某个时间点上，高收入的人会比平均收入水平的人更幸福，因为与他们相比的大多数人都不如他们。换句话说，富人的收入高于他们的收入参考水平。相反，那些低收入的人往往不那么快乐，因为他们所比较的大多数人都比他们过得更好。较不富裕的人的收入低于他们的收入参考水平。

收入越高，幸福感越高，收入越低，幸福感越低。在某一时间点上，幸福和收入是正相关的。这种正相关的横截面关系——富人比穷人更幸福——年复一年地出现在数据中，因为富人、穷人以及介于两者之间的所有人都在不断地进行同样类型的时间点比较。然而，幸福与收入之间长期的零时间序列关系仍然存在。对于高收入者和低收入者来说，从本年到下一年个人收入增长对幸福的积极影响被其收入参考群体相应的收入增长所削弱。

社会比较是理解幸福—收入悖论的关键，因为它对横截面数据和长期趋势结果都能解释。这也许不是故事的全部，但却是其中的一个重要部分。此外，社会比较为这一悖论提供了一个理由，因为它解释了为什么在截面上的正相关关系之外，会出现时间序列上的零相关。

3.5 结论

吉尔还是想知道答案。

"那么，增加收入是提升幸福感的良方吗？"

并非如此。如果目标是提升幸福感，那么就需要一个对每个人都有效的处方，起码得几乎对每个人都有效。增加收入并不是提升幸福感的可靠途径，因为如果每个人的收入都增加了，平均而言，没有人会变得更幸福。当其他人的收入增加时，收入参考水平的增加会削弱自身收入增加所产生的积极效应，而且，平均而言，没有人会过得更幸福。

收入增加对幸福感的零影响恰恰体现了我们常说的"合成谬误"[1]——也就是说，对个体适用的东西不一定对整体适用。如果我一个人在餐馆里提高嗓门儿，我说的话就能听得更清楚。如果大家都提高嗓门儿会怎么样？说的话没有人能听得更清楚（不过，大家可能都会头疼）。如果我一个人站起来看足球比赛，我就有了很好的视野，可以看到球场，但当所有人都站起来时，我们的视野可能比坐着更糟（而且很可能发生争执，会把我们的注意力从比赛中抽走）。

把增加收入作为提高幸福感的处方，我们就可以感受到这种合成谬误。如果我一个人的收入增加，我就会更幸福。相反，当所有人的收入都增加时，平均而言，没有人变得更幸福。作为增

---

1. 合成谬误（Fallacy of Composition）：是经济学家萨缪尔森提出的："对于部分来说是对的事情，对于整体来说也是对的"。

加幸福感的一种方式,提升收入被称为零和博弈——收入增长高于平均水平的人获得的幸福感会被收入增长低于平均水平的人损失的幸福感抵消。

"等等!"莉莉反驳道,"我以为我们是要告别忧虑科学。这似乎正好相反。"

没错。我们需要的是一种双赢的建议——一种提升幸福感的方式,而且如果每个人都遵循这种方式,所有人都会获益,每个人都会更幸福。

我们不能忘记,除了金钱,还有其他重要的幸福来源,尤其是人们的健康状况和家庭环境——它们是如何影响幸福的?在健康和家庭问题上有没有双赢的解决方案?

别放弃,莉莉。

因为我们一定会发现,答案是肯定的。

第 4 章

健康如何影响幸福？

4.1　追踪健康和幸福

"我真希望今天不会再听到更多坏消息了。"当学生们各自坐好、慢慢安静下来时，泰德喃喃自语。

那么，让我们拭目以待吧。

当人们谈论什么对于他们的幸福来说很重要时，最关心的话题就是健康。例如，坎特里尔的调查问题询问了人们最美好的生活和最糟糕的生活，得到的回答如下："现在我正在咳嗽。我希望将来我再也不会得病了。"与此呼应的是，在前一章的"美好生活"调查中，几乎每个受访者，无论老少，都把健康视作"美好生活"的一部分，视作极致幸福的关键组成部分。

但是幸福感会随着健康状况的好坏而变化吗？

根据许多心理学家的说法，人们很快就能完全适应健康的变化——他们将这个过程称为"适应"。按照这种观点，人们能在短时间内适应身体状况的变化，所以幸福感不会受到影响。

"难以置信。"泰德说。

也许吧，但作为学者，应当把这些观念放在一边，就像我们在讨论收入时所做的那样，看看证据能说明什么。

首先，我们来看一下横截面证据。

尽管发表于40多年前，菲利普·布里克曼（Philip Brickman）等人的一篇文章仍然被心理学家作为主要依据来说明一个人的健康，无论好坏，对幸福的影响都微乎其微。布里克曼等人发现事故受害者的幸福感并不会低于那些没有经历事故的人。这的确是一个惊人的发现，因为这篇文章中的事故受害者都不幸遭遇了事故而导致身体瘫痪。他们在事故发生后不到一年的时间里接受了调查，而调查显示他们和那些没有遭遇事故的人一样幸福。基于这篇文章当中的证据，如果遇到了健康问题，哪怕患上了非常严重的疾病，人们也很快就能完全适应。

尽管这篇文章被心理学家广泛认可，但文章中仍然有很多疑点。考虑到统计归纳的可靠性，文章中的样本容量让人质疑：29名事故受害者与22名对照组进行了比较（受访者被认为与事故受害者相似，只是他们没有经历过事故）。根据我的经验，要得出一个可靠的结论，通常需要100个样本左右。

然而，当你仔细阅读这篇文章时，就会发现这个问题和文章的其他问题相比就显得"小巫见大巫"了。上述心理学文献中普遍得出的结论是错误的。布里克曼等人的文章明确指出，与对照组相比，事故受害者——身体截瘫——明显不那么幸福。常见的误解源自作者随后的断言，即事故受害者并不像"预期"的那样不幸福。但谁在期待，又在期待什么呢？人们根本不可能知道"预期"会发生什么；这是想象出来的，或者更准确地说，有无限的想象空间。事实上，这项研究表明，一场严重的事故会对幸福感产生明显的负面影响。换句话说，根据这篇文章中的证据，幸福和健康同步改变，它们是正相关的。

还有其他更有说服力也更全面的横截面证据能够证明幸福和健康的关系。1990 年，托马斯·梅纳特（Tomas Mehnert）及其同事在非常专业的期刊《康复心理学》（*Rehabilitation Psychology*）上发表了一篇鲜为人知的文章，比较了 675 名报告有健康问题的人与 1 000 多名没有健康问题的全国代表性样本的生活满意度。健康问题包括身体残疾、心脏病、呼吸系统疾病、癌症、感官异常和精神疾病。与布里克曼对截瘫者的研究相比，这一研究的样本量大、覆盖范围广，而且涵盖了各种健康问题，这些条件都为研究提供了更有意义的归纳基础。梅纳特与他的合著者的文章中还涉及了人们健康问题的严重程度，受访者是否患有一种以上的严重疾病或残疾，以及受访者在日常生活中（如穿衣或梳妆时）受到限制的程度。

结论是什么？有健康问题的人对生活的满意度明显低于那些身体健康的人，这一结果与布里克曼等人文章中的实际发现相一致。此外，一个人的健康问题越严重，那么他与身体健康的人之间的满意度差距就越大。例如，在健康的人当中，90% 的人说他们对自己的生活比较满意或完全满意；相比之下，在那些严重残疾的人中——这可能包括类似于布里克曼研究中的截瘫者——相应的百分比是 49%。不足为奇的是，如果人们有两种或两种以上的健康问题，或者他们的状况严重影响了他们日常生活的能力，那么差距就会更大。

简言之，证据表明，健康问题会降低幸福感，而且问题越严重，幸福感就会下降得越多。

　　需要注意的是，布里克曼和梅纳特的文章都是横截面研究。幸福—收入悖论表明，横截面研究结果不一定能很好地反映随着时间的推移实际发生了什么。然而，在健康和幸福的研究中，时间序列研究所显示的两者关系与横截面研究结果是一致的。

　　几年前，我收集了美国的数据来追踪随着年龄的增长，同期群的人身体健康状况会发生什么变化，以及他们对自己的健康的满意度。正如大家预料的那样，随着年龄的增长，人们的身体健康状况会逐渐下降，而且会持续下降。但是如何预测健康满意度呢？如果人们能很快完全适应健康状况的下降，那么他们对自身健康状况的感受应该不会有任何改变。但实际上，健康满意度的下降与人们健康状况的下降是同步的。简言之，人们的健康状况随着年龄的增长而下降，他们对健康的满意度也会随之下降。而且，在其他条件不变的情况下，不断下降的健康满意度会使人们的幸福感降低。因此，时间序列数据和横截面数据的结果是一致的。健康和幸福是正相关的：它们朝着同一个方向共同变化。

4.2　解释健康和幸福

　　莉莉又有疑问了。

　　她举手问道：“那社会比较呢？在健康方面不是也会有吗？我的祖母可能觉得‘我的身体不如以前好了，但生命就是这样。像我这个年纪的人都会这样’。那么，如果她是这么想的，即使她的实际健康状况正在恶化，她对自己健康的满意度也将保持不变啊。”

　　思路很好，莉莉。你举的例子将健康的参考水平——评估健康的基准——与一个人的实际健康状况直接联系了起来。根据你的假设，你的祖母评估自己健康状况的基准是同龄人的健康状况。如果你的祖母的健康状况恶化，她的健康参考水平也同样会下降，因为同龄人的健康状况也在恶化，那么你的祖母对自身健康或幸福的满意度就不会发生变化。

但是，我们的健康参考水平是什么？是否和收入一样，我们也将他人的健康视为基准？

假设你的祖母想的其实是："我年轻时做过的很多事情现在都做不了了。我不能像以前一样走得那么快，也不能走那么远了。而且唱歌不能唱得那么好，也不能打网球了。我的孙子孙女们都很可爱，但是我不能像以前和儿女玩耍时那样蹲在地板上和他们一起玩。我只能在一天中的特定时间开车，而且阅读也受到限制，因为我的视力也不如从前好了。"

在这种情况下，你的祖母将自己过去的经历作为评价标准，而不是其他同龄人的状态。在年轻的时候，她更健康，能够做更多的事情。当她的参考水平是自己过去的经历，而且她的健康状况随着年龄的增长而越来越糟时，她的健康状况与参考水平之间的差距就会越来越大。因此，她可能会对自己的健康状况越来越不满意，幸福感也会下降。

那么，在评估自己的健康状况时，她究竟是在将自己与同龄人进行比较，还是在与自己过去的经历做比较呢？前文提出的证据表明，对健康的满意度随着年龄的增长和实际健康状况下降而下降，这说明健康的参考水平主要是根据过去的经历，而非与他人的健康状况的比较。如果社会比较决定了参考水平，她对健康的满意度就不会随着年龄的增长而下降，因为一般来说，她的同龄人也会有同样的经历。

一般来说，有两种类型的比较会影响参考水平：与他人的比较和与自身过去经历的比较。换句话说，社会比较和自我比较是两种不同的参照水平。社会比较，正如我们已经讨论过的，意味着与他人的比较（详见本书第 3 章）。自我比较是通过与自己的最佳状态进行比较来进行评价。例如，我和一个搭档打高尔夫球，他曾经是一个零差点球员[1]，通常能打出 72 杆的标准杆数。他现在已经老了，总是以 80 多杆结束比赛，这让他很不高兴，因为他的参考水平是他的个人最好水平。如果他的参考水平是我的水平（即社会比较），那么他会更快乐——事实上，他会欣喜若狂。唉，我打的一百多杆的成绩他根本不会放在眼里。不幸的是，个人最佳水平（自我比较）主导了他的判断。

在我们分析幸福和收入的关系时，作为个人参考水平的基础，人际比较（或社会比较）是非常重要的。人们的物质生活状况能够让我们很好地推测他们的收入，而这也很容易被其他人感知和了解。我们经常仔细观察其他人穿什么样的衣服，他们开的车有几辆，分别是什么型号，以及他们住在什么样的房子里，房子里有什么样的家具，甚至他们喜欢什么样的度假目的地。

但收入和健康是完全不同的，尤其是在它们能被他人感知的程度上。关于他人的健康，我们又了解多少呢？邻居可能会时不

1. 零差点球员：是指打球水平达到具有美国业余锦标赛比杆赛参赛资格球员标准的业余高尔夫球员。

时地提到健康问题，或者你可能会观察到她在咳嗽或走路困难。然而，当你习惯性地寒暄"你好吗？"，大多数人会机械地回答"蛮好的"。患者很少会告诉别人或大肆宣扬自己得了心脏病、肺部疾病或恶性肿瘤这样的疾病。考虑到许多疾病的内在特征以及大多数人缺乏医学知识，通过观察他人的方式并不能了解他们的健康状况。我有一个同事最近死于脑癌，但可悲的是，我都不知道他病了，因为他几乎一直执教到最后一刻。疾病本质上是非常私密的。大家会注意到，互联网隐私方面最受关注的问题之一就是个人的健康记录可能被泄露，这表明健康状况往往是高度机密的。

因此，在确定收入和健康的参考水平时，虽然社会比较和自我比较都在发挥作用，但它们的相对重要性是不同的。社会比较在评估收入的参考水平中占主导地位，而自我比较在评估健康的参考水平中至关重要。这种差异是由于获取他人收入的相关信息相对容易，而了解他人的健康状况则相对困难。我很清楚同事的收入状况；但我对他们的健康状况了解甚少。

在考虑收入增加对幸福感的影响时，我们发现，由于社会比较，收入的参考水平（他人的收入）往往会随着自己的实际收入增加而增加，幸福感则保持不变。相反，当自我比较成为参考水平的决定性因素时，正如在健康状况的评估中一样，幸福的结果是不尽相同的。健康的参考水平基于过去的经历，通常比收入参考水平的变化小得多。祖母主要根据她过去能做的许多事情来评估她现在的能力，这是一个相对固定的基准。如果参考水平是恒定的，那么幸福感会随着一个人目前的状况而变化，这意味着，就健康而言，健康状况越好越幸福，健康状况越差越不幸福。

4.3 诊断

总体而言，对于健康来说，横截面和时间序列的证据的结果一致，均表明幸福感会随着人们实际健康状况的变化而改变。这意味着人们当前的健康状况决定了健康对幸福的影响。

"这样的话，"泰德不耐烦地说，"我们对变老无能为力喽。"

确实如此，但相信我，人是慢慢变老的。所以，从这个角度来看：健康和幸福之间的正相关关系意味着，改善健康状况，例如，注意饮食和增加锻炼，将使你更幸福，而忽视自己的身体情况则会导致不幸福。健康和幸福的同步改变之所以出现，是因为我们评估健康的基准主要是过去的经历——几乎是我们个人的最佳状态——而随着我们的生命进程，这种变化的程度有限。相比之下，评估自身收入的参考水平大多是由他人的现状决定的，所以随着经济的增长，参考水平也会随着自己收入的增加同步变化。

所以，今天我们还是有好消息的，泰德。与增加收入不同，改善健康能形成双赢的局面。当每个人都试图增加自己的收入时，没有人会更快乐，因为参考水平随着收入的增加而增加。然而，由于每个人过去个人经历的参考水平并不会改变，当所有人都锻炼并改善他们的健康状况时，每个人都更快乐了。因此，对我们很多人来说，保持微笑并不难：去散步，别去快餐连锁店，并且定期体检。你就会更健康、更快乐。

"好的——我现在就去健身房，教授！"泰德边喊边向门外走去。

第 5 章

家庭生活如何影响幸福？

5.1　寻觅伴侣

今天，全班都全神贯注地听课——看来这是一个非常有趣的话题：伴侣能增加人们的幸福感吗？

在乔治·伯纳德·萧[1]看来，恐怕不是这样的："人生有两大悲剧：一是失去心之所愿，二是如愿以偿。"

萧伯纳用巧妙的语言揭示了我们在上一章讲到的心理学观点：人们能很快彻底适应生活环境的变化，使自己的幸福感不受影响。按照这种观点，即使是苦苦寻觅的灵魂伴侣也会很快成为明日黄花。

萧伯纳和心理学家的看法是正确的吗？找到终身伴侣会增加幸福感吗？还是人们很快就会习惯于伴侣的陪伴，最终并不会比以前更幸福？如果有了孩子呢——会不会更幸福？

让我们再来看看证据，关于家庭生活和幸福的数据会有什么

---

1. 乔治·伯纳德·萧（George Bernard Shaw，1856—1950）：即萧伯纳，爱尔兰剧作家，1925 年获诺贝尔文学奖。

样的结果呢？

几乎所有的横截面研究都表明，已婚人士比未婚人士要幸福得多。因此，研究人员普遍得出结论：婚姻能够增加幸福感。但是，究竟是婚姻能增加幸福感，还是无论双方是否结婚，找到终身伴侣就能增加幸福感呢？

事实上，在为数不多的调查了未婚同居者的横截面研究中，同居者和已婚者的幸福感相差无几。因此，证据表明，拥有伴侣能够增加幸福感，而婚礼并不会锦上添花。然而，对于这一课题的研究大多着眼于通过婚姻形成的伴侣关系，所以这就是我现在主要讨论婚姻的原因。

已婚人士比未婚人士更幸福的横截面证据似乎反驳了心理学家关于人们会很快对寻觅到伴侣这件事完全适应的观点。然而，心理学家不仅对此并不认同，而且对证据提供了不同的阐释。在他们看来，已婚人士和未婚人士的幸福感在某一时间点的差异并不能证明拥有伴侣与幸福感的因果关系。他们认为这只是所谓的选择性效应[1]所致。在这种情况下，选择是人格特征的结果——在他们的分析中，已婚人士比未婚人士性格更外向，情绪更稳定。

想想具有代表性的年轻人样本，年龄处于 18 岁到 25 岁。这些年轻人之间存在着显著的人格差异，正如心理学家所说的"五大人格指标"（外向性、情绪不稳定性、亲和性、开放性和责任

---

1. 选择性效应（Selection Effect）：即选择性偏差（selection bias），指的是在研究过程中因样本选择的非随机性而导致得到的结论存在偏差。

心）[1]。就这些特征对幸福感的影响而言，数据证明那些外向和情绪稳定的人显然更幸福。而这样的性格特征也会使人容易吸引伴侣并走入婚姻。因此，心理学家认为是人格因素——外向且情绪稳定——造就了已婚人士比未婚人士更幸福这一横截面研究结果——是人格使人更幸福且更可能走入婚姻。根据他们的推理，那些已婚人士在进入一段关系之前就比其他人更幸福，因为他们独特的人格特征产生了选择性效应。婚姻关系本身并不能增加他们的幸福感。

"太好了，"泰德说，"那我还是把时间花在健身上吧。"

不仅如此，2003 年发表在《人格与社会心理学杂志》（*Journal of Personality and Social Psychology*）上的一篇获奖合著文章，提供了时间序列证据，验证了伴侣对幸福没有影响这一结论。这项研究追踪了一群德国年轻人从婚前两年或以上（称为"基线"期）到婚后两年或以上的幸福感。这项研究吸引人的地方是，在同组研究中，研究者年复一年地采访相同的人，这样一来，就能评估同一个人在婚后是否比基线期更幸福。

作者们发现，与基线值相比，受访者的幸福感在婚前一年显著上升——他们将其归因于对结婚的预期——然后在结婚的那一年又出现了另一个统计学上的显著上升。然而，这项研究的主要发现是，结婚两年后，幸福感已经回落到婚前的基线水平。作者们得出了一个明确的结论："一般来说，人们适应婚姻的速度很

---

1. 五大人格指标（Big Five Measures of Personality）：也称"大五人格模式"，是从西方兴起的人格理论框架，是目前应用最广泛的人格测定框架之一。

快，而且非常彻底。"

寻找到伴侣对幸福并没有持久的影响。

"那可真是不错。"泰德又说。

我想告诉大家，泰德并不是我的本科学生里唯一一个对这篇文章反应不佳的学生。这很正常，因为如果我们好好看看"美好生活"调查的结果，幸福的婚姻位置名列前茅，在学生们眼中是美好生活的一部分。但学生们应该会感到十分幸运，因为我能够反驳心理学家的研究，这归功于我当时的研究生安克·齐默尔曼·波拉诺尔（Anke Zimmermann Plagnol）的研究（图5.1）。安克重新进行了心理学家所进行的研究并且更仔细地关注控制变量，发现虽然人们会适应婚姻，但显然并不是完全适应。那么她发现了什么呢？婚后两年或更长时间，那些保持婚姻关系的人的幸福感明显高于他们婚前的基线值。

请看课程讲义四中的图5.2，这是安克对婚前和婚后幸福历程的研究结果（标有"实际"）和心理学家的结论（标有"心理学家"）。请注意，安克的幸福终点值高于初始值或基线值，这与心理学家的结果相反，后者的终点值回到了基线。值得注意的是，安克的研究结果中幸福的终点值高于初始值，也就是基线值，这与心理学家的结果相反，他们的结果显示会回到基线值。安克发现婚姻对幸福有显著的积极影响，这与横截面研究中婚姻和幸福之间的正相关关系一致，而心理学家的结果表明没有持久的影响。

图 5.1　安克与蒂莫和戴尔芬

（感谢安克·波拉诺尔供图）

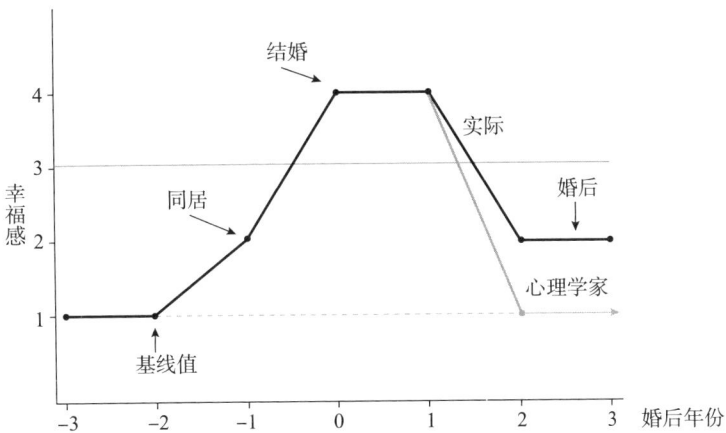

图 5.2　婚前婚后的幸福感（课程讲义四）

　　幸福感在婚前一年增加，在结婚当年再次增加。虽然婚后幸福感会下降，但仍高于基线值（深色实线），这与心理学家声称的幸福感会回到基线值（浅色实线）相反。

此外，安克还发现，婚前一年观察到的幸福感的增加，并不像心理学家假设的那样是由于对婚姻的预期，而是由于同居——也就是说，开始与未来的配偶生活在一起。她还发现，婚后两年或更长时间的幸福感虽然明显高于基线值，但与婚前一年开始同居时的幸福感没有区别（图 5.2）。她的结论是什么？无论是否结婚，建立伴侣关系都能增加幸福感：婚姻本身并没有额外的效果——这与我在本章开始时提到的横截面研究结果相同。

和健康一样，婚姻与幸福感关系的横截面和时间序列的结果也是一致的。

正如你所料，我的本科生最喜欢安克的文章——远超我给大家提供的冗长的阅读清单上的其他文章。

拥有伴侣会增加一个人的幸福感，这是合乎情理的。毕竟，我们是社会性动物。通常情况下，伴侣提供情感支持、性亲密关系和陪伴。单身人士常常抱怨孤独。当然，也有例外，但正如他们所说，例外能反证规律[1]。

"你现在才说！我都要去健身房，还要去果汁吧了。"似乎很多学生都在跟随泰德的脚步。

5.2 分手：太难了？

婚姻破裂并不是什么新鲜事了。据估计，在美国，40% 到 50% 的初婚都将以离婚告终。离婚会让人更幸福吗？丧偶呢，对

---

1. 参考波普尔的证伪主义。

那些幸存的伴侣们的幸福感有什么影响？分开后重新找一个伴侣会影响幸福感吗？二婚会和初婚一样让人感到更幸福吗？

正如我们所知，横截面证据表明，进入婚姻的人显然比没有进入婚姻的人更幸福。然而，在这些研究中，单身人士的幸福感因单身原因而异。对于那些从未有过伴侣或丧偶的人来说，与已婚人士的幸福感差距最小。而对那些离婚的人来说，这种差异则更加明显，而最不幸福的群体是正在分居的人——也就是说，处于一种短暂的状态，仍然已婚但不再生活在一起。然而，横截面数据显示，那些婚姻破裂的人还是有希望的，因为再婚的人和那些仍处于第一次婚姻中的人一样幸福。

关于破裂关系的时间序列研究很少，但关于离婚和丧偶的零星证据与横截面结果一致。在安克的分析中，她观察了样本中那些以离婚告终的人，发现他们离婚后的幸福感明显低于结婚前基线期的幸福感。因此，横截面和时间序列的证据都表明，离婚并不会使人们更幸福，尽管离婚的人可能比分居的人更幸福。

心理学家曾研究丧偶现象，其结果与横截面数据相吻合。丧偶的人的幸福指数明显低于他们的基线值。

我们会注意到，心理学家关于丧偶的结论与他们之前关于婚姻不能使人更幸福的发现相悖，这让我们进一步质疑关于婚姻的研究结果。如果形成婚姻关系不能提升幸福感，那么为什么失去伴侣会使幸福感降低呢？与此相反，安克发现的是一种对称关系：当一个人有伴侣时，幸福感会增加，失去伴侣时，幸福感会减少。而且横截面数据也验证了这种对称关系。

5.3 宝宝驾到

根据"美好生活"调查，大多数人都想要孩子。我班上的大部分学生同样也都期待能有孩子。然而，孩子是否能在人生进程中增加幸福感，目前还不清楚。

我再一次借鉴了我以前的一位研究生玛吉·斯维特克（Maggie Switek，见图5.3）的研究。玛吉利用瑞典人口统计学家伊娃·伯恩哈特（Eva Bernhardt）收集的详细面板数据，追踪了瑞典几个不同年份出生的群体成年后20年直至40岁的幸福感。她发现，在分娩前的一年和之后的两年里，女性的幸福感增加了，但在那之后，孩子开始使母亲的幸福感下降。男性的幸福感变化趋势与女性相同，但变化的幅度很小，无足轻重。孩子对幸福影响的性别差异可能是价值观差异所致。许多女性认为养育子女比家庭之外的工作更重要，而对于男性来说，恰恰相反。

图5.3 玛吉·斯维特克

（感谢玛吉·斯维特克供图）

不出所料,同学们对孩子带来的幸福感下降感到不满,这与他们认为孩子一直有助于提高幸福感的信念背道而驰。

"伊斯特林教授,你的意思是我做个全职妈妈会更快乐吗?"吉尔问道。

不是这样的,吉尔,并不是这个意思。有一种方式可以很好地解释孩子对幸福的矛盾影响甚至负面影响,这种说法比所谓的"可怕的两岁"[1]要好得多。孩子对幸福的影响是两个因素共同作用的结果:一是对家庭生活的满意度,最初因孩子的存在,人们对家庭生活的满意度会提高;二是对经济的满意度,人们对家庭经济状况的满意度会因养育孩子的费用而相应降低。在孕期和孩子的婴儿期,对家庭生活的满意度占了上风,幸福感也随之增加。但很快,抚养孩子带来的经济压力逐渐掩盖了家庭生活的影响。因此,当两岁及两岁以上孩子的父母被问到"你对自己的经济状况有多满意?"时答案与之前相比会明显更消极。随着时间的推移,对家庭生活的满意度也趋于下降,因为人们很难找到工作和养育子女之间的平衡,还需要担忧青少年问题,比如可能会遇到吸毒问题和类似的来自同辈的压力。

5.4　评估家庭生活

"这次我走在莉莉前面了!"现在安迪取代了莉莉的位置,

---

1. 孩子一岁半到三岁时,处于人生的第一叛逆期,两岁最为典型,被称为"可怕的两岁"(terrible two)。

率先发问。

"那家庭生活的参考水平呢？难道不会影响幸福和家庭的关系吗？看看谁有伴侣，谁没有，然后比一比……我敢打赌，其中涉及很多人际比较。"

安迪，你可能会有点惊讶，因为答案是，家庭生活的参考水平，就像健康水平一样，是相当固定的，更多取决于自我比较而非社会比较。在婚姻问题上显然如此。根据"美好生活"调查，几乎所有年龄段的人都想要幸福的婚姻，所以在一生中对婚姻的渴望几乎没有变化。最惊人的是，甚至许多 45 岁以上从未结过婚的女性也表达了这种愿望。尽管她们实际找到伴侣的可能性很低，但大多数人仍然认为，就她们个人而言，"幸福的婚姻"是美好生活的一部分。你可能会认为，这些女性一直单身到中年，应该会适应这种状态，认为自由和独立才是美好的生活。但是，超过一半的人仍然想拥有幸福的婚姻，这表明，即使是那些乐于改变的人，家庭生活的参考水平（在这个例子中，也就是幸福的婚姻）仍然相当稳定。那些从未结过婚的人没能获得幸福的婚姻，这无疑有助于解释为什么平均而言，他们明显不如那些结过婚的人幸福。

此外，与健康状况一样，社会比较不会对家庭生活的参考水平产生太大影响，因为了解他人的家庭生活也同样困难。我们对同事的家庭生活究竟了解多少呢？他们夫妇间的关系如何，他们与孩子又相处得如何？我们有多少次惊讶地发现，我们所认为的完美伴侣正在闹分手？就我个人而言，我甚至不知道自己子女的婚姻状况怎么样。我们对亲戚和同事家庭生活的了解要比对他们经济状况的了解少得多。评估家庭生活的基准更多的是每个人自己过去的经历，而不是社会比较。

家庭生活的目标基本上是固定的，不仅对婚姻如此，对于后代也是如此。经济学家区分了孩子的数量和质量，前者指的是父母想要的孩子数量，后者指的是父母对孩子的健康和教育等方面的偏好。"美好生活"调查表明，在父母的一生中，对孩子数量和质量的期待不会有太大的变化。不管其他人发生了什么，一对夫妇想要的孩子的数量和质量通常是不变的。结婚时，弗雷德和克拉丽莎想要两个孩子；他们的好朋友彼得和艾格尼丝想要三个孩子。一旦每对夫妇达到了理想的家庭规模，他们就心满意足了。社交比较并不起作用：弗雷德和克拉丽莎很高兴有两个孩子，尽管彼得和艾格尼丝有三个孩子。然而，当彼得和艾格尼丝将他们的厨房进行了现代化改造，配备了岛台、花岗岩台面和橡木橱柜时，弗雷德和克拉丽莎就会觉得自家的厨房就像个洗碗间。油毡地板！唉，尽管两人平时都不做饭，但他们提高了对物质条件的衡量标准（即收入参考水平），他们对自己的家不如以前满意了。

同样，在人生进程中，对孩子的健康和教育目标，也就是对于孩子质量的期待，也不会改变太多。人们总是希望自己的孩子身体健康，这一点并不奇怪。

但这可能会让人大吃一惊：尽管平均收入在增长，但想让孩子接受大学教育的父母比例与想让孩子接受高中教育的父母比例几乎没有变化。彼得和艾格尼丝可能会赚更多的钱，但如果他们的孩子能完成高中学业，他们就会继续感到满足。调查结果是这样告诉我们的。

"也许吧。"莉莉朝安迪瞥了一眼，打断道，"但是，父母难道不是都争着把孩子送到'最好的'学校吗？这也是社会比较。"

当然，从很早开始，许多家长就试图让他们的孩子进入他们认为的最好的学校。

但是，莉莉，父母们是以何种方式、在何种程度上为孩子的教育互相竞争的呢？具体来说，社会比较是否会导致教育目标的升级？这就是问题所在。彼得和艾格尼丝的厨房改造会让弗雷德和克拉丽莎有一个新的标准：彼得和艾格尼丝的厨房将会成为聚会的中心，在新岛台的花岗岩台面上，高雅地陈列着布里干酪、烤蔬菜和法国葡萄酒。然而，弗雷德和克拉丽莎并不会根据彼得和艾格尼丝的孩子的情况来为自己孩子的教育设定目标。尽管社会比较可能会导致人们为了实现对孩子的教育期待而加大支出——例如，通过请家教，或者正如我们最近从新闻上看到的，父母通过贿赂精英学校的招生人员——总体而言，教育目标仍然是固定的。

5.5 最终结果

"那么，家庭生活就像健康一样，是一条通往幸福的捷径吗？"泰德问道。

完全正确！我们都可以通过改善我们的家庭生活和健康状况来增加幸福感。花更多的时间与配偶和孩子待在一起来改善自己的家庭生活并不会影响到其他人，因为这些人的参考水平和我们一样，基于他们自己的经历。这样一来，我们的家人（包括我们自己）都会更幸福，其他人这样做也会更幸福。道理很简单：这条通往幸福的道路对所有人都适用。如果我们在家庭时间里进行徒步旅行或一起骑自行车，家庭还会获得健康红利，从而进一步提高幸福感。

那么，会有什么样的结果呢？所有人都更幸福了——这将是一个双赢的局面。

第 6 章

如何使自己更幸福?

6.1 拥有 V.S. 渴望

"好吧,"泰德垂头丧气地说,"我没想到会这么难。"他还戴着耳机,看起来他已经准备离开了,"所以教授,我真的很高兴看到今天课程的主题。赶快告诉我们吧。怎样才能使自己更幸福?"

是的!我们已经准备好迎接这个宏大的问题了。

让我们把到目前为止得出的结果汇总起来,用基本的术语来描述,比如"拥有"和"渴望"。"拥有"表示你的实际情况,而"渴望"则表示参考水平,即我们在评估情况时使用的内部基准(尽管我们经常在不知情的情况下这么做),举个简单的例子:7岁的蒂姆有一个螺旋弹簧玩具,但他想要 4 个。距离达到让他完全满意还需要 3 个螺旋弹簧玩具。

一般来说,你拥有的越多,想要的越少,幸福感就越强。如果你想要的东西不变,那么拥有的更多,你就会感到更幸福。但如果你所拥有的东西保持不变,想要的却更多了,幸福感就会骤减。所以,如果蒂姆所拥有的螺旋弹簧玩具从 1 个增加到 2 个,而他想要的数量仍然是 4 个，差额就会减少到 2 个，他就会更开心。但如果蒂姆只有 1 个螺旋弹簧玩具，而他想要的数量从 4 个增加到 5 个，差额就会增加到 4 个，他就会更不高兴了。

如果你想要的东西和拥有的东西都增加同样的数量，那么幸福水平就不会改变。如果蒂姆所拥有的螺旋弹簧玩具从 1 个增加到 2 个，而他想要的数量从 4 个增加到 5 个。差额仍然是 3 个，他的幸福感既没有增加也没有减少。

这并不是什么新鲜事。两个半世纪前，塞缪尔·约翰逊（Samuel Johnson）也是这样说的："每个人的富裕或贫穷取决于他的欲望和享受的比例；因此，任何愿望的扩大与财产的减少一样，对幸福具有同样的破坏性。"

现在让我们回到成人世界。个人幸福主要取决于三种情况：经济状况、家庭生活和健康问题。你想要的东西——用于评估你所拥有的东西的基准——一般取决于两件事：与他人情况的比较（人际或社会比较）和与过去经历的比较（自我比较）。绝大多数人通过人际比较来评估他们的经济状况，而通过自我比较来评估健康和家庭生活。人际比较在评估一个人的经济状况时比在评估健康和家庭生活时更重要，因为他人的经济状况相对于健康或家庭生活，更容易通过观察其日常生活方式得出。

如果我赚了更多的钱，我的经济状况变得更好，我想要的东西往往会与我已经拥有的东西同步增加。我想要的东西会变多是因为他人的收入与我的收入同步增长，通过社会比较，我的收入参考水平也提高了，这是判断我的收入是否令人满意的基准。因此，当我想要的东西和我所拥有的东西增长的程度相同时，我的幸福感就会随着收入的增长而保持不变。

然而，对于健康和家庭生活来说，"我想要什么"并不会随着"我拥有什么"而改变。这是为什么呢？我们应用于健康和家庭生活的基准是过去的经历，不会有很大的变化。因此，如果我的健康或家庭生活改善了，也就是说，我拥有的东西变得更好了，我就会更幸福，因为我想要的东西并没有改变。

6.2 怎样做才能使自己更幸福？

"欸！我有一个好主意，"艾玛第一次加入讨论，"我们——"她朝身后瞥了一眼，"我是说，泰德——不应该再进行人际比较了。"

全班哄堂大笑。

"这样一来，他就不会想要更多他不需要的东西，也不会因为别人拥有得更多就不开心。"

很有道理，艾玛——看来是想拿泰德开涮！

太多的人为了炫富买了一栋比他们的需求更大的房子和一辆（或几辆）豪车，结果背负了巨额债务，承受着月复一月地偿还大笔债务的压力。如果你连开车的油钱都承担不起，就很难享受开着宝马了。

由于工作年限与收入呈上升趋势，你可能会以为人们对自己的经济状况越来越满意。然而，事实上，在整个工作的黄金时期，对经济状况的满意度几乎没有发生变化，这是因为我们想要的东西不断增加，带来了债务负担。直到人们步入退休年龄，收入持平甚至下降时，对经济状况的满意度才会显著提高。孩子们已经完成了学业，大多能自食其力。在所谓的黄金时间段，物质需求逐渐减少，债务负担大大减轻，抵押贷款和其他债务终于还清了。

这说明了什么道理？

"我们都可以通过关注自己真正需要的东西来增加幸福感，而不是担心比不上我们的邻居！"泰德惊呼。

是的，泰德，你和艾玛都说对了：我们可以通过解决我们真正的需求，以及避免不必要的债务来增加幸福感。

很简单的道理对吧？当然，还有一点我要提醒大家：消除社会比较说起来容易做起来难。例如，我住在一所相当不错的房子里。前段时间，我女儿莫莉的足球教练邀请我们去他家参加了一个球员和家长的聚会（图 6.1）。他的房子看起来相当豪华。我必须承认，当我回到自己家，待在里面的幸福感变得不如从前了。

正如卡尔·马克思（Karl Marx）所说："一座房子可大可小，只要跟周围的房屋相仿，那么它就能满足居住者对住房的所有社会需求。但是，一旦这座小房子近旁耸立起一座宫殿，这座小房子就会立刻变成一间茅草屋"。

我知道不应沉迷于社会比较，但这个习惯很难被打破。不过，这绝对值得一试。（提醒自己：记住这一点！）

还有一个增加幸福感的途径，也许更容易实现：更好地利用时间。我们每个人的时间都是有限的，在一项活动中投入得越多，比如赚钱，那么留给其他活动的时间就越少，比如改善健康状况和家庭生活。由于对健康状况和家庭生活的需求相对于对生活条件的需求来说是固定不变的，因此花时间改善一个人的健康状况或家庭生活将比增加一个人的收入对幸福有更持久的影响。

图 6.1　在玩足球的莫莉

（感谢莫莉·C.伊斯特林供图）

不幸的是，人们花了太多时间去挣钱，与此同时却忽视了家庭生活和健康。看看对这个调查问题的回答："假设你 38 岁，收到了一份工作录用通知，这份工作是你喜欢的领域，更体面，薪水也会比现在的工作高 15%，但这份工作需要更多的工作时间，而且你也会常常离开家人。那么，你接受这份工作的可能性有多大？"

这个问题有四个选项。大约三分之一的受访者表示，他们"很有可能"接受这份工作；另外三分之一的人表示"比较可能"；剩下的三分之一认为"不太可能"；没有人选择第四个选项："绝对不可能"。这样看来，在之前的调查中，受访者曾表示

"拥有幸福的婚姻"是他们的人生目标，但现在他们却牺牲了家庭生活来赚更多的钱。更重要的是，由于工作时间和通勤时间更长了，健康状况很可能会受到影响。对于这份新工作的选择偏好体现了人们通常是如何错误地分配时间的。相对于赚钱而言，他们低估了家庭生活和健康的作用。

选择赚钱的受访者很可能会将自己的决定合理化，认为尽管他们不在家，但有了更多钱就会让家庭生活变得更幸福——金钱将弥补他们的缺席。好吧，但是哪些事情能让人幸福呢？其实，人们享受其中的，最能带来快乐的事情，并不需要很多钱，但却确实需要时间。在过去的几十年里，许多研究揭示了人们如何使用时间。人们根据自己的日记进行回答，答案基本涵盖了常见的日常活动。幸运的是，一项具有全美国代表性的调查进一步询问受访者每项活动有多令人愉悦。答案是 10 分制的，从 1（不喜欢）到 10（喜欢）。最令人愉悦的活动（评分大于 7.5）按平均得分从高到低排序如表 6.1：

表 6.1　日常活动带给人们的幸福程度

9.3 性	8.5 去教堂、睡觉、看电影
9.2 运动	8.3 读书、走路
9.1 钓鱼	8.2 放松、看杂志、做客、工作期间小休、出门吃饭
9.0 艺术、音乐	8.0 和家人聊天、听收音机
8.9 酒吧、酒馆	7.9 午休
8.8 和孩子们玩耍、拥抱、亲吻	7.8 在家吃饭、看电视、看报纸
8.6 和孩子说话，读书给孩子听	7.7 编织、缝纫

令人诧异的是，大多数令人愉悦的活动都不需要花很多钱，有些甚至根本不需要花钱。然而，它们确实需要时间。接受一份"需要更多工作时间并经常与家人分开"的工作，留给这些快乐源泉的时间就会少得多。

这项关于令人愉悦的活动的调查已经有 30 多年的历史了，所以像"编织"和"缝纫"这样的活动似乎已经过时了，至少对很大一部分人来说是如此。也许现在，"上网"和"发推特"[1] 可能会取代编织和缝纫。尽管如此，心理学家丹尼尔·卡尼曼等人在 2004 年发表的一项类似的合作研究（又一次！他们也是发现参考水平的先驱）在很大程度上证实了这项早期研究的基本结论。被调查者都是得克萨斯州的女性，她们前一天都在工作，很容易取得联系。这些样本是通过方便抽样获得，而不是随机抽样。在她们的回答中，最令人愉悦的三项活动是"亲密关系""社交"和"放松"。这三项活动都与先前的结论一致。这些活动当然都需要时间，但不需要花很多钱，甚至根本不需要花钱。

"那么，人们为什么要这么做呢？为什么把时间全花在赚钱上？"莉莉困惑地问。

没错，莉莉，我们为什么要这么做呢？很多时候，人们错误地分配了自己的时间，为了追求金钱而牺牲了其他生活目标。这是为什么呢？

"因为他们认为有了很多钱就会幸福。"泰德脱口而出。

是的，这就是答案：因为人们普遍认为钱越多就会越幸福。

---

1. 推特（Twitter）：是国外的社交网站，类似微博。

人们没有意识到他们的物质需求是与他们拥有的东西同步增长的。金钱带来的幸福感提升是虚幻的，而牺牲家庭生活和身体健康造成的幸福缺失却真实存在。

那么，什么会让人更快乐呢？尽管我在离开足球教练家时有过和大家一样的感受，但我知道答案是"花更多的时间在家庭生活和身体健康等方面，花更少的时间追求金钱"。

关注足球，而不是足球教练的家。

第二部分
进阶课程

第 7 章

政府能否提高人们的幸福感：
转型国家的经验

7.1 东德：大开眼界

回到课堂，我发现好几个学生的脸上都写满了焦虑。

"抱歉，教授，"扎克有些不安，"在课前我想确认一个事儿——我有个朋友上过这门课，他说这一节课讲的是社会主义的优越性。"

"扎克，这并不是我们今天要讲的内容。我们今天关注的核心问题是：'政府能否提升人们的幸福感？'我想要告诉大家，无论是社会主义政府还是资本主义政府，答案都是肯定的。"

公共政策很重要，而且——做好心理准备——福利国家政策尤其能提高幸福感。现在，在你得出"没错，我就是个社会主义者"这个结论之前，请让我解释一下，这根本不是我的出发点。而且也并非只有社会主义者才能支持福利国家政策。越来越多的证据迫使我逐渐认识到福利国家政策对幸福的积极影响。正如参议员伊丽莎白·沃伦（Elizabeth Warren）在解释她对家庭破产原因的看法缘何改变时所说的那样："我做了研究，是数据带领我进入了完全不同的世界。"

所以，来吧，大家跟随我的启蒙之路一起来看一看。在这节课里，我将讲述这段旅程的第一站，也就是我在东欧和其他一些从社会主义国家向资本主义国家转型过程中的求学经历。

我的求学经历始于社会主义东德。那么问题来了：1990年10月东德与西德统一后，那里的幸福感增加了吗？和大多数西方经济学家一样，我预计，由于从社会主义向自由市场资本主义转型，答案显然会是肯定的。

但数据却显示了不同的情况。令我惊讶的是，在转型开始的25年后，也就是这些数据所涵盖的时期，人们的幸福感几乎没有比1990年6月的调查结果好多少，当时东德还是一个社会主义国家。从1990年到1991年，随着德国统一，幸福指数突然下降，而在接下来的25年里，又缓慢恢复到转型之初的水平。

泰勒突然举手。

"你认为那样的政府所做的调查可信吗？也许在统一之前人们是因为害怕才夸张地回答自己有多幸福呢？"

泰勒的问题真是独到又尖锐。令人惊讶的是，调查结果似乎确实是可信的。有两个证据能够证明这一观点。首先，调查包含了"领域"满意度问题，询问人们对生活具体方面的满意度，如对经济状况、家庭环境和健康状况的满意度。1990年，在德国统一前，东德这三个领域在0—10分范围内的平均得分都达到了6分。但环境和商品供应明显更加不尽如人意，满意度极低。在这些问题中，东德的受访者给出了非常低的评分，仅略高于3分。在欧洲对人们满意度的调查中，无论是在哪个领域，3分左右的得分都是非常罕见的。但在这个例子中，如此低的评分与外国游客对东德的评分是一致的，他们经常抱怨空气污染（图7.1），以及商店货架上空空荡荡，没有商品。这有力地证实，东德人反映了他们的真实感受。简言之，如果他们在空气质量和商品稀缺问题上坦诚相告，政府就很可能会对这些问题负责，那么他们为什么要在收入、健康和家庭生活等问题上弄虚作假？

图7.1　东德的空气污染

（图片来源：彼得·乔丹 / 阿拉米图库）

其次，根据经济学家蒂穆尔·库兰（Timur Kuran）的研究，在这些国家，人们公开表达对个人境况的不满并不罕见。库兰研究了其中几个向资本主义转型的国家，发现报社收到了大量的投诉信，其中有多封是关于经济状况的。库兰创造了"偏好伪装"[1]

---

1. 偏好伪装（Preference Falsification）：是指在认识到社会压力的条件下，不如实地展现自己的想法。

这个概念来表示人们私下表达的观点和公开发表的观点之间的差异，这种差异确实存在，但它几乎完全仅限于政治问题。显然，表达对其他生活条件（比如环境和商品供应）的不满是被允许的，人们也抓住了这个机会。

因此，1990 年社会主义东德的生活满意度调查结果似乎是可信的。但如果是这样的话，我们就面临着一个更棘手的问题。

"是啊，"吉尔也这么认为，"怎么可能呢？！"

没错，吉尔——这正是我的疑惑：社会主义下的总体生活满意度怎么可能比资本主义下的更高呢？

为了解开这个谜题，我不得不深入研究东德在转型前后的情况。

从 1990 年到 1991 年，产出急剧下降，大约下降了国内生产总值的三分之一，生活满意度随之崩溃。产出下降的另一面是企业破产所致的大规模失业。

证据表明，在一个又一个国家，失业显著降低了人们的幸福感。不足为奇对吧？但是等一下：调查记录显示，不仅失业者的幸福感下降，就业者由于越发担忧失业风险，幸福感也会随之下降。与此一致，随着失业现象在东德蔓延，人们的生活满意度直线下降。然而，这种急剧下降仅持续了很短的时间，因为西德出手干预，通过一项重要的收入支持计划挽救了日渐衰落的东德经济。人们的生活满意度也因此开始缓慢回升。

第二个因素是社会安全网的瓦解。这一现象加剧了经济崩溃，进一步降低了幸福感。具体领域的满意度数据能够带给我们很多启示。从 1990 年开始进行的针对医疗保健、儿童保育和工作满意度的调查显示，在向资本主义转型的过程中，这些方面的满意度都明显下降。在社会主义下，就业得到了保障，大多数处于工作年龄的男女都进入了劳动力大军，几乎不存在失业问题。雇主提供儿童保育，并资助全面医疗保健。向资本主义自由市场转型的过程中，社会主义制度下的工作保障不复存在，对工作的满意度随之下降。人们对医疗保健和儿童保育的满意程度也有所下降，这些就业福利随着企业从公有制到私有制的转变而消失。曾经被一些作家戏称为"社会主义温室"的时代就此终结。尽管这些作家可能并不喜欢这个"温室"，但从具体领域满意度的反馈来看，似乎大众都对此非常满意。在社会主义制度下，人们对儿童保育、医疗保健和工作的满意度都比后来要高得多。

如果这些数据还不足以让人信服，关于社会转型对人们生活影响的定性描述为生活满意度最初急剧下降的定量证据提供了额外支撑。以下是英国劳动力市场分析家罗杰·卢姆利（Roger Lumley）对德国统一前后情况的描述：

在其存在的 40 年里，德意志民主共和国（东德）已经发展成为一个完全不同于德意志联邦共和国（西德）的国家。没有失业，没有（开放型）通货膨胀，工作强度低，医疗和社会服务免费，住房和公共交通价格实惠……统一后不到一年，德国东部的许多人就产生了幻灭感、不利感和不安全感。回顾过去的东德，有些人认为那是一个黄金时代，在那里一切都很简单，食物更美味，人人都是同志。

为了进一步阐释，卢姆利引用了 1991 年东德的一位受访者的回答：

统一过程中，我个人每个月都要花费 400 马克。我把更高昂的租金和交通费用，以及社会成本都算进去了。各个层面都存在问题：交通、犯罪、价格、租赁、难民、医疗保健和社会保障。这对我个人来说，问题很大，而且非常严重。人们失去了旧的结构和确定性，不知道如何应对。我知道生活在东部地区的我们必须经历这个转型的过程，但这十分困难，而且对许多人来说没什么意义。

这段个人证词使经济统计数据生动起来。1990 年至 1991 年东德幸福感的暴跌反映了由于经济突然紧缩、失业率飙升和社会安全网的崩溃而出现的对工作、家庭和健康的担忧。西德在政策方面迅速采取行动以防止情况进一步恶化。随着基本经济和社会条件的逐步改善，人们对生活的满意度也逐渐恢复。

泰勒静静地消化着这些证据。但现在基顿有了一个新问题。

"好吧，让我们回到政治局势。政治局势发生的变化会带来影响吗？东德经历了重大变化。这难道不会增加幸福感吗？"

想法不错，但是，让我们回顾一下哈德利·坎特里尔对全世界 13 个国家的人们的期待和恐惧的调查结果（详见本书第 2 章）。无论政治环境如何，当你问人们什么事情对他们的幸福至关重要时，他们大多数会提到他们当前的个人处境——关于谋生、供养和照顾家庭，以及健康状况。在大多数情况下，这些事情占据了他们的日常生活，并且是他们自认为可以努力改变的事。25 个人中大约只有一个人提到了宏观的系统性问题，比如说政体或者政治和公民权利。

坎特里尔的发现会如何解释东德的调查结果呢？尽管德国统一意味着东德人普遍有了新的政治自由，但这对个人幸福感的积极影响远不及那些新产生的日常生活中的烦恼所带来的消极影响，比如找工作、养家和应对健康问题。

南非向民主的转型能够凸显出个人问题对于人们的生活满意度来说，比政治局势更重要。1994 年非洲人国民大会（African National Congress）接管政府时，幸福感曾有过短暂的飙升，但一年后，在其他条件没有改善的情况下，幸福感又回到了民主前的水平。向民主的转型未能带来幸福感的持久提升。

东德在转型前的情况表明，促进充分就业[1] 和强大的社会安全网的政策能够提高公民的幸福感。与我预期的相反，社会主义制度下的幸福感平均来说是相当高的。虽然我之前一直认为制度上的改变——从计划经济转型为自由市场——会增加幸福感，但关于东德转型的研究，与坎特里尔的调查一致，揭示了谋生、照顾日常家庭和健康问题等迫在眉睫的个人问题至关重要。在社会主义制度下，政府政策会解决这些"从摇篮到坟墓"[2] 的问题，而在

---

1. 充分就业的概念最先由英国经济学家凯恩斯提出。指在某一工资水平之下，所有愿意工作的人，都获得了就业机会。充分就业并不等于全部就业或者完全就业。现代经济学认为，在充分就业状态存在着自然失业，即摩擦性失业和结构性失业。充分就业被认为是政府宏观经济调节的首要目标。
2. "从摇篮到坟墓"：指的是从出生到死亡的整个过程。

资本主义制度下，这些问题往往由自由市场来解决。

7.2　苏联：大同小异？

然而，要说服我们班的同学并不容易。

"但这是普遍的模式吗？"苏想知道，"也许其他国家并不像东德那样。那时，他们正处于与西德的统一过程当中。在其他从社会主义转型为资本主义的东欧国家，人们的幸福感是否发生了像东德那样的变化？"

由于我们很难获得社会主义制度下的生活满意度统计数据，苏的问题也不容易回答。幸运的是，苏联的五个成员国都有这方面的数据：白俄罗斯、俄罗斯联邦（以下简称俄罗斯）和波罗的海三国[1]。在 20 世纪 90 年代，这些国家都进行了三次生活满意度调查——第一次是在 1990 年，社会转型前夕；第二次是在 20 世纪 90 年代中期；第三次则是在 20 世纪 90 年代末。匈牙利也有生活满意度的统计数据，但由于缺乏年代中期的调查，我们无法了解匈牙利在 10 年的发展过程中发生了什么。

这五个能够提供年代中期调查结果的国家都显示出了类似东德的转型模式。在 20 世纪 90 年代的这 10 年中，国内生产总值突然下降，然后开始回升，间歇性的生活满意度统计数据大致复现了这种模式。失业率和社会安全网的变化也与东德的情况类似——先是严重恶化，然后逐渐改善。一位专家对转型前的俄罗

---

1. 波罗的海三国：指位于波罗的海沿岸的爱沙尼亚、拉脱维亚、立陶宛。

斯国情的评论甚至与前文引用的关于东德的评论相呼应：

> 1989 年以前，俄罗斯人生活在一个能够保障经济安全的国家：失业问题几乎闻所未闻，人们的生活水平得到保障，微观经济的稳定性对普通公民来说没有太大影响。

事实上，1990 年转型之初的生活满意度数据可能低估了社会主义制度时期普遍的生活满意度水平。在俄罗斯和匈牙利这两个能够提供 20 世纪 80 年代生活满意度数据的国家，1990 年以前的生活满意度明显更高。

毫不夸张地说，转型之初的经济崩溃摧毁了各地人们的家庭生活。过去习以为常的制度轰然瓦解致使许多家庭陷入混乱，因为他们必须在失去工作机会和社会支持的情况下试图承担起家庭责任。一些家庭搬回了城中村，试图将自给农业[1]与非农业工作结合起来。社会压力所致的症状爆发式地出现。酗酒、吸烟和吸毒人群与日俱增，尤其是男性群体，自杀率激增。随之而来的是针对女性的暴力行为越来越多，离婚率也在不断上升。正常生活秩序被彻底摧毁。这一切都证实并凸显了生活满意度的大幅下降。正如我们可以根据坎特里尔的调查预测到的那样，随着家庭生活遭受重创，幸福感也会下降。

在研究东德之前，我和许多西方经济学家一样，很少关注东欧 4 亿人身上发生的事情。我以为，随着国家向资本主义转型，

---

1. 自给农业：指的是自给自足的农业生产活动，生产规模较小。

每个人都会更加幸福。我真是大错特错。毫不夸张地说，这场灾
难堪比 20 世纪 30 年代西方资本主义国家所遭受的大萧条。在美
国，失业率飙升到前所未有的水平；当经济跌到谷底时，每四个
工人中就有一个工人失业。人们失去了毕生的积蓄，无家可归，
最终流落街头，排着队领取救济食物，在赈济处接受救济。像现
在流浪汉的临时营地一样的棚户区随处可见（图 7.2）。许多人遭
受了严重的精神折磨，家庭生活被彻底破坏。因此，要理解东欧
发生了什么，我们只需看看西方的大萧条时期。

图 7.2　20 世纪 30 年代的美国棚户区

（图片来源：世界历史档案 / 阿拉米图库）

在世界各地，经济上的失败都会给人们带来巨大的损失。

在过去的二十年里，大多数东欧国家的幸福感一直呈逐渐上
升的趋势，但在大多数国家，幸福感可能仍低于转型 10 年前的

水平。这段漫长而艰难的时期在许多人的生命中留下了不可磨灭的痕迹。

7.3 中国：一锤定音

"那么，像中国这样发展中国家会遵循欧洲模式吗？"苏问道，"教授，您认为世界各地的情况都是一样的吗？"

教室里一阵窃窃私语，因为大家都想知道：这些例子是否具有全球代表性？

这个问题非常合理。说实话，我不认为会有一个全球性的模式。中国的国内生产总值的变化轨迹要比欧洲优越得多：强劲上升，而非暴跌。从 1990 年到 2015 年，中国的国内生产总值以世界有史以来最快的速度增长，不断翻倍。这一时期结束时，大多数城市家庭拥有了彩电、空调、洗衣机、冰箱和个人计算机。由于中国在转型前的生活水平非常低——1990 年，人均国内生产总值不到美国的 10%——在转型期间，生活满意度的恶化似乎令人难以置信。

但事实如此。从 1990 年到 2002 年，人们的生活满意度有所下降。此后，该指数再次回升，但在 2015 年仍低于 1990 年的水平。令我惊讶的是，中国的生活满意度呈 U 形变化，与东欧国家非常相似。五项不同的中国调查揭示了这种模式。我的预测又一次出错了。

"我不理解。人均国内生产总值增长如此之快，人们的幸福感怎么会降低？"吉尔问道，与我最初的疑惑如出一辙，"拥有了刚才提到的那些东西难道不是代表人们的生活过得更好了吗？"

是的，吉尔，我也感到疑惑：人们拥有了这么多的高价消费品，当中有许多非常有用的东西，这难道不会让人感到更幸福吗？

和以前一样，我告诉学生们，为了解决这个难题，需要深入研究其基本条件。

在研究中，我惊奇地发现，在1990年，也就是转型之前，中国城市工人的生活满意度很高。不仅如此：两位中国专家明确地将转型前的高水平生活满意度与"迷你福利国家"的存在联系起来：

直到最近，工作权利在中国的城市里还根深蒂固……国有企业提供了广泛的福利待遇，包括住房、医疗、养老金、儿童保育和子女成年后的就业……因此，几乎所有的国有企业员工，以及许多大型集体企业的员工，都享有"铁饭碗"……他们的工作是终身制的，在代表着"迷你福利国家"的企业里获得相对较高的工资。

因此，虽然从国际视角来看，1990年中国的物质生活水平很低，但对于在这种条件下长大并习惯于这种条件的人来说，这些"迷你福利国家"措施减轻了人们对工作、家庭和健康状况的担忧，因此也使人们对生活极为满足。事实上，满意的城市人口似乎是政府隐含的政策目标。实际上，这是一种浮士德式交易，城市中潜在的民众不满被收买，以换取"铁饭碗"的保障，也就是当时大多数中国人眼中的美好生活。

但在 20 世纪 90 年代初，为了刺激经济增长，中国开始实施经济结构调整政策，开始向经济部分民营化迈进。这项政策被称为"抓大放小"。如果你能想象出一个由成千上万家企业组成的阵列，从顶部的少数高生产率的大企业到底部的大量低生产率的小企业，就可以理解这意味着什么。少数高生产率的大企业贡献了大部分的产出，但大量低生产率的小企业却雇用了最多的人。本质上，政府"抓住"了大企业，"放走"了小企业，将原本用来维持小企业运转的资源转移到大公司。政府不仅向大企业投入了财政资源，而且还投入了最优秀的人才（包括白领和蓝领）。

这项新政策非常成功——促进了产出增长。由于政府对高生产率大型企业的大力扶持，国内生产总值以前所未有的速度增长。但劳动力市场却是另一番景象，成千上万个从前依靠政府补贴的小企业破产了，随之而来的是大规模的失业，这造成了国内生产总值快速增长（大企业的成就）和就业率下降（众多实为大雇主的小企业失败的结果）的矛盾。

在我的先入之见中，经济学家最青睐的衡量标准——国内生产总值——误导了我。但人不是金钱或数字，我发现幸福的关键是工作，而不是国内生产总值。

大卫·布兰奇福尔（David Blanchflower）和安德鲁·奥斯瓦尔德（Andrew Oswald）最近发表的一篇关于美国人精神痛苦的论文充分说明了工作的重要性。自 1993 年以来，认为"我生命中的每一天都很糟糕"的人口比例显著上升，尤其是在受教育程度较低的中年白人中，有超过十分之一的人认同这一说法。为什么呢？统计数据显示，主要原因是"我无法工作"，因为制造业的就业机会在明显减少。

除了失业，城市人口先前享有的社会安全网也出现变化，这主要是由于政府有意的政策导向。"铁饭碗"时代已经一去不复返了：有保障的终身就业和随之而来的"从摇篮到坟墓"的福利都化为泡影。失业救济金只提供给很小一部分失业者，而且随着政府将医疗保健系统私有化，将会有越来越多的人负担不起治疗费用。退休养老金覆盖率也急剧下降。

与欧洲一样，在中国的经济结构调整中，工人们首当其冲，尤其是那些受教育程度较低、收入较低的弱势劳动人口群体。此外，在中国，从农村地区来到城市的流动人口遭受了尤为严重的冲击。相比之下，受教育程度更高、生活更富裕的人通常能够保住原有的工作或很快找到新工作，他们的生活满意度变化相对较小。但是，大多数人的生活满意度尽管以前与较富裕的人相当接近，却因此明显下降了。他们为找工作、处理疾病和意外伤害问题、照顾孩子和老人以及保障孩子的前途而忧心忡忡，因此他们的幸福感大幅下降。

在 21 世纪初，面对大范围且不断上升的失业率，中国政府改变了策略，尝试修改 20 世纪 90 年代的政策。就业率逐步改善，但仍远低于以前的充分就业水平。政府还采取措施修补社会安全网，推出新措施改善医疗保健和养老金。结果如何呢？人们的生活满意度略有回升，即 U 形的上扬部分——尽管到 2015 年，这一水平仍低于转型前。

基顿突然举手提问："但是你说中国的生活条件改善了很多。

这难道不会让人们更加幸福吗？"

　　唉……但是社会比较正在使坏，削弱了物质财富对幸福的积极影响。许多中国本土研究人员并没有忘记这种瞥向隔壁院子的习惯，他们注意到中国普遍存在社会比较，或者说是一种"赶上琼斯家"的心理。不过，中国最受欢迎、读者最广泛的作家之一张兵的一本小说[1]的戏谑式结尾，或许最能反映基准收入的飙升。小说的主人公是一名政府官员，正在向未婚妻展示他为结婚购买的新公寓。

　　他说："这是我们的小窝。我们要花 10 万块钱把它装修好。"

　　她说："我们应该买全套家用电器，一台 VCD 播放器，一台 29 英寸电视机，一台自动洗衣机，一台空调，以及一整套木地板。"

　　幸福之门就这样打开了。

　　这是来自一个 25 年前人均收入还不到美国十分之一的国家。

　　事实就是如此。欲望随着拥有而增长。

1.　此书为《侯卫东官场笔记》。

第 8 章

政府能否提高人们的幸福感：
北欧国家的经验

8.1 幸福的福利国家？

到目前为止，我们已经讨论了从社会主义转型的国家，而且发现这些国家的时间序列数据基本上呈现相同的趋势。在社会主义制度下，就业得到保障，社会安全网广泛覆盖。个体在工作和收入保障、家庭和医疗保健方面的问题基本得到解决。人们的幸福感很高，主要是因为社会中的弱势群体和强势群体几乎一样幸福。在向自由市场转型的过程中，就业保障不复存在，社会安全网支离破碎。弱势群体受到了尤其严重的打击。由于就业和福利保障政策失效，人们对日常生活又充满了忧虑和不安，幸福感继而急剧下降。

转型国家的经验表明，就业和安全网政策对于人们的幸福来说至关重要。

赖德说："这些政策对他们来说确实很棒，但在社会主义国家能够提高幸福感的政策在资本主义国家也能够奏效吗？你能证明这一点吗？"

问得好，赖德，让我们看看证据显示出什么样的结果。由于在资本主义国家和社会主义国家，影响个人幸福的因素一致，那么答案想必是肯定的。为了验证这种说法是否正确，让我们来看看被广泛认为是典型福利国家的北欧国家——挪威、瑞典、丹麦和芬兰。它们是最先在 19 世纪末引入就业和社会安全网立法，并在 20 世纪的大部分时间里于此基础发展的国家。如今，这些国家的安全网支出占国内生产总值的比例是世界上最高的。尽管关于幸福的时间序列统计数据还不足以确定福利国家政策如何影响幸福，但在最近的横截面调查中，这些国家的幸福指数一直处于世界领先地位，这表明福利国家政策和幸福指数是相辅相成的。

"是的，"赖德说，"但在北欧国家，人们的收入很高。也许并不是政策使人们更幸福，而是他们的收入？"

我们已经看到大量的证据表明，增加收入并不能增加幸福感——例如美国（详见本书第 2 章）。所以，让我们仔细看看北欧国家的证据。虽然没有我们想要的时间序列数据，但我们可以将北欧国家的幸福指数与那些收入水平相同但社会保障政策不那么健全的国家进行比较。这样一来，我们就可以在对比北欧国家和其他国家的时候，排除收入（以人均国内生产总值为近似值）这项影响因素，看看政策差异是否会影响幸福感。

在这次比较中，第一组是丹麦、瑞典和芬兰这些北欧国家——让我们称之为超福利组。由于挪威的人均收入明显高于其他三个国家，因此并没有被纳入该组。第二组包括四个半福利国家，英国、法国、德国和奥地利，我之所以选择这四个国家，是因为在 2007 年的调查中，它们的人均国内生产总值与超福利组的人均国内生产总值基本相同。两组的平均失业率和通货膨胀率也基本相同。因此，不仅两组的人均国内生产总值相同，总体经济状况也大致相同。然而，超福利组的福利慷慨程度要高得多，包括符合福利标准的难易、福利持续的时间以及福利替代率。

你能猜到结果吗？结果显示，拥有更多福利的超福利组明显比半福利组更幸福。

学生们仍然持怀疑态度。

"但是，超福利组的国家难道没有可能是因为别的原因而更幸福吗？"赖德问道，"行吧，就撇开经济状况吧。比如更低的犯罪率呢？或者更新鲜的鱼和更醇厚的啤酒？"（班级里发出咯咯的笑声。）"说真的，你确定是福利的慷慨程度让这群人更幸福吗？人们真的注意到了这些事吗？即使确实如此，我们怎么知道这让他们更幸福了呢？"

赖德说得对。尽管我们已经排除了人均国内生产总值的差异使超福利组更幸福这种可能，但并不能断定：超福利组更幸福仅仅是因为施行了更慷慨的福利政策。

如果想要排除福利的慷慨程度之外的影响因素，那就会没完没了，因此，毫无疑问，仍有质疑的空间。但借助异常丰富的调查数据，我们可以进一步验证幸福感和福利慷慨程度之间的因果关系。通过调查中所包含的一些并不常见的问题，我们可以确定，超福利组的人不仅意识到了他们享受着更慷慨的政策，也对此感到满意。因此，在评估健康、教育、儿童保育、老年护理和养老金五个方面的公共服务质量时，超福利组的受访者对每一项的评级都明显高于半福利组的受访者。北欧国家的人心知肚明自身享受着优质的公共服务。

更重要的是，这些公共服务的评级反映了人们对这些公共服务的相关领域的满意度。在健康、家庭生活和工作方面，超福利组的满意度水平明显高于半福利组。更优质的医疗服务减少了健康问题，而更优质的公共儿童和老人护理减少了家庭忧虑，诸如此类。调查结果显示，人们不仅认识到了国家安全网政策所提供的重要保障，而且对这些相对更慷慨的政策感到满意。更惠民的政策是超福利组获得更多幸福感的基础。

那么，这些证据表明了什么呢？

赖德举起手，然后站了起来。

"我觉得你会这么说：资本主义下的政府可以用社会主义制度的政策来增进民生福祉。"

他说得多好啊！

此外，和社会主义下的情况一样，当福利政策更慷慨时，弱势群体尤其能享受到更加美好的生活。在我们刚刚讨论的超福利组和半福利组中，富人的生活满意度大致相同，但在超福利组中，弱势群体的生活满意度要高得多。

8.2　关于福利国家的常见问题

"好吧，但瑞典的自杀率真的很高，"艾玛坚持道，"如果福利国家政策让瑞典成为世界上最幸福的国家之一，为什么会出现这样的状况？"

人们普遍认为瑞典的自杀率很高，但现实并非如此。其实，瑞典等北欧国家的整体自杀率并不高。2015年，瑞典男性自杀率在全球183个国家中排在第68位，丹麦排在第106位，挪威排在第111位。芬兰排在第37位，是北欧国家中排名最靠前的（我们将很快看到为什么它和其他北欧国家不同）。假如大家好奇美国的情况，那么我告诉大家，美国的自杀率和芬兰差不多。

如果我们只把北欧国家和欧洲其他国家进行比较，那么除了芬兰，所有北欧国家的男性自杀率都低于欧洲平均水平。这里用于比较的是男性自杀率，因为几乎在世界上所有地方，男性自杀率都是女性的数倍，并且超过了两性的总体自杀率。

艾玛的问题假设幸福感和自杀率是负相关的——低幸福感会导致高自杀率。虽然我们大多数人直觉上可能都会认为是这样的，但事实上，无论是在世界范围还是在欧洲，幸福感和自杀率并不相关。那么，自杀率最主要的决定因素是什么？答案是饮酒量，尤其是蒸馏酒。过去40年的全球数据显示，在所谓的饮用伏特加地带的国家——大多为东欧转型国家——是世界上自杀率最高的国家，而在大多数情况下禁止饮酒的伊斯兰国家，自杀率最低。在20世纪90年代，瑞典地处伏特加地带，自杀率比现在高得多。这一早期数据可能是目前人们认为瑞典自杀率高的原因。后来，瑞典以高税率对蒸馏酒征税，使得酒类消费从蒸馏酒转向啤酒和葡萄酒，自杀率就明显下降了。在北欧国家中，只有芬兰仍然消费大量的烈酒，正如我们所知，芬兰的自杀率是北欧国家中最高的。

在研究幸福感差异的原因时，我们可以通过只研究酒精消费水平相似的国家来排除酒精消费的影响。通过这种方法，我们会发现较高的自杀率与较低的幸福感之间存在微弱的相关关系。然而，这种关系并不显著，而且只适用于全球数据，并不适用于欧洲或拉丁美洲这样的区域性数据。简言之，并没有强有力的证据能表明低幸福感是自杀的重要原因。

但我的学生们仍有疑问。"是的，福利国家的慷慨福利削弱了人们的工作热情对吗？"欧文问道，"这会遏制经济增长，对吗？"

一些分析家（以及许多政界人士）也坚信情况就是如此。就像人们认为瑞典的自杀率很高一样，人们也普遍认为社会福利会削弱人们的工作热情。然而，这样的观点又怎能与事实依据相抗衡呢？如果这种观点是正确的，北欧国家工作的人预计会变少。但恰恰相反，北欧国家处于工作年龄的就业人口比例通常很高，高于美国和欧盟国家的平均水平。此外，在过去的半个世纪里，北欧国家的实际人均国内生产总值的平均增长率超过了美国和欧盟国家。因此，证据表明，福利国家政策并没有对人们的工作意愿产生负面影响，从宏观角度上来说，也没有对经济增长率产生负面影响。

莉莉一直在旁听我和其他同学的激烈讨论，但她还是不服气。

"北欧国家的税收怎么样？不是很高吗？"

北欧国家的税收与那些社会安全网不那么广泛和慷慨的国家相比，确实要高得多。经济合作与发展组织公布北欧国家政府的税收占国内生产总值的比例为53%；相比之下，欧盟的平均值为45%，美国为33%。然而，北欧国家的人民却甘愿缴纳高额税款。原因是什么呢？因为税收大部分用于缓解紧迫的个人问题。例如，在许多国家，就业保障一直是一个令人担忧的问题——如今，许多人担心，机器人取代了流水线，这将会剥夺他们的就业机会。但在瑞典这个超福利国家，人们却无须担忧。2017 年《纽约时报》的一篇文章报道了工人对于机械化未来的看法，写道：瑞典工人并不担心技术进步会导致失业。欧洲委员会的一项调查显示，"80% 的瑞典人对机器人和人工智能持积极态度……"与之相反，美国皮尤研究中心[1]的一项调查发现，"72% 的美国人对未来机器人和计算机将会取代人类感到'担忧'"。

为什么瑞典人不那么担心机器人技术的影响？答案很简单。用《纽约时报》当中援引瑞典就业与融合部长[2]的话说，"工作岗位会消失，但我们会培训失业人员，让他们有能力从事新的工作。我们不会保护工作，但我们会保护工人。"

瑞典人深谙其道。

8.3　福利国家政策是富国独享的奢侈品吗？

"就像你说的，北欧国家的人收入很高，"艾玛反驳道，"世界上大多数国家不是都太穷了，无法实行你所说的安全网政策吗？"

事实上，情况恰恰相反——在大多数国家，目前的收入水平

---

1. 美国皮尤研究中心（Pew Research Center）创建于 2004 年，是一家独立性民调机构，总部设于华盛顿特区。
2. 当时瑞典就业与融合部长伊娃·约翰逊（Yva Johansson）。

足以支撑福利国家政策。早在 19 世纪 80 年代，丹麦就率先推出了这类政策。以今天的价格计算，当时丹麦的人均国内生产总值刚刚超过 3 000 美元。目前，世界四分之三的人口生活在人均国内生产总值等于或高于这一数值的发展中国家，因此，福利国家政策在世界大部分地区都是可以实现的。

哥斯达黎加是一个很好的例子，它表明不那么富裕的国家也可以实施和维持这种政策。哥斯达黎加于 20 世纪中期开始施行福利国家计划，当时该国的人均国内生产总值与 19 世纪 80 年代的丹麦差不多。如今，它是世界上最幸福的国家之一，在 156 个国家中排名第 13 位。相比之下，美国的人均国内生产总值是哥斯达黎加的四倍，而幸福感则排在第 18 位。哥斯达黎加的政策无疑能够解释其高幸福感水平的原因。

因此，"经济增长提高了人们的收入，为福利国家政策奠定了基础"这样的看法是一种错觉。经济增长使得此类政策更易实施，但并不是必要条件。要想提高幸福感，就需要一个愿意利用税收来实施安全网政策的政府。简单来说，这些政策无须在经济增长的背景下实施。

8.4　尘埃落定

好了，结论就是这样。

历史记录一贯表明，福利国家政策与幸福感之间存在着正相关关系。在从社会主义向资本主义转型的国家中，随着政府终止福利国家政策，幸福感急剧下降。而率先推行福利国家政策的北欧国家，幸福感则处于世界前列。

两类证据很好地吻合：一方面，坎特里尔的研究发现，当涉及幸福时，人们最关心自身的经济状况、家庭和健康状况；另一方面，证据一致表明，关注这些领域的福利国家政策提高了幸福感。

那么政府能提高人们的幸福感吗？

答案直截了当：能！

与此同时，福利国家项目并没有某个最佳方案。由于各种原因，各国的具体方案截然不同，并且不断地被重新审查和修订。但是，能够提升幸福感的政策纲领是非常明确的。这份清单包括充分就业和收入支持计划，住房保障，全民医保，以及从孩子学前教育到高等教育的学校教育、儿童保育和生育假[1]，以及老年社会保障——简言之，为所有人提供"铁饭碗"。

最后需要注意的一点是：政府的政策与政治经济制度是两码事。在本章和之前的讨论中（详见本书第6章），我既没有主张某一特定的政治或经济制度，也没有提供证据来证明任何政治或经济制度的优越性。所以，扎克之前的顾虑可以打消了，我可没有在倡导激进的政治变革。我的志趣在于幸福感研究。证据显示，在社会主义制度下，幸福感可以相当高。但这并不意味着社会主义比资本主义更完美。正如北欧国家所显示的那样，事实上，在民主和资本主义社会，幸福感也可以相当高。归根结底，特定的政策对幸福感来说很重要，而这些政策可以在不同类型的

---

1. 生育假：指的是男性在妻子怀孕分娩后与妻子共同承担养育新生婴儿所享有的假期。

政治和经济体制下施行。

8.5　消费者主权与福利国家

一些经济学家主张消费者主权[1]，认为产品的生产应该由消费者决定，政府的作用应该是最小的。根据这种观点，个体是其自身利益的最佳判断者，只要不伤害他人，就应该能够随心所欲地花钱，无须缴纳政府税收或接受政府监管。政府对支出决策的干预被斥为家长式作风，被嘲笑为"爸爸都是为你好！"

幸福研究的结果对消费者主权原则提出了质疑，因为这一原则表明，人们并不一定能够正确评估自己的最佳利益。家庭在决定增加收入来提升幸福感时总会犯系统性的错误。人们假设有了更多的钱就会更幸福，然而在这样的假设之下做出的选择却不尽如人意，因为人们的收入参考水平——被经济学领域和消费者主权的倡导者忽略的因素——会增加且改变预期的结果。如果人们在判断自身利益时并不总是正确的，那么，正如我们看到的证据所示，政府可以采取一定的政策来增加人们的幸福感。

然而，经济学家们，尤其是美国的经济学家们，都不愿背离消费者主权原则。因此，两位诺贝尔奖获得者在他们的一篇极

1.　消费者主权一词最早见诸亚当·斯密的著作中，后来马歇尔加以发展，认为它是经济理论中不可动摇的原则。消费者主权指的是消费者在决定某个经济体系所生产的商品类型和数量时起着关键性作用。也就是说，在生产者和消费者的相互关系中，消费者是起支配作用的一方，生产者应当根据消费者的意愿来进行生产。

富洞察力的文章中，描述了自由市场无法达到最优结果的多种可能，最终这样告诫："人们有时未能实现效用最大化的事实并不意味着其他人……应该篡夺选择权。"他们选择了一种被称为"助推"的方法，通过这种方法，"那些'管理者'……在不限制任何人选择自由的情况下引导和影响选择"。

"助推"这个方式有其优点，但不愿明确选择政府政策干预，暴露了一种对社会进步历程的可悲误解。经济理论和经济史塑造了许多美国经济学家的世界观，这些分支学科颂扬自由市场的优点，但只关注于经济学领域的经验。但是，从经济角度来看世界会造成对社会进步及其根源的扭曲认知。自 19 世纪中期以来，世界各地的出生时预期寿命几乎都翻了一番。人类的这种巨大进步并不是自由市场或经济增长所致，而是生物医学知识发展的结果，尤其是因为生物医学知识的发展推动了公共卫生系统的建立。通常，公共卫生系统会建议采用强制政策和程序，如隔离和强制接种疫苗，这些措施大大提高了预期寿命。

在我撰写这本书时，我们正处于新型冠状病毒大流行的第一个阶段。没有人会指望自由市场的狂欢或客气的助推能够阻止这种疾病的传播或限制死亡人数。我们需要迅速且强有力的政府干预；消费者主权——也就是恐慌性购买 [1]——是障碍，而不是助力。当我们面临这种迄今为止还没有疫苗或抗体测试的致命疾病时（新型冠状病毒疫苗已于 2021 年研发成功并开始接种），官方

---

1. 恐慌性购买：也称为"疯狂抢购"，一般指由于担心涨价、断货、限购等因素，而恐慌性地购买商品。

批准的就地收容场所、口罩和社交距离规定比世界上所有的漂白剂和厕纸[1]都要有用得多。

　　建立一个福利国家也同样如此：消费者想随心所欲地消费是不行的，"助推"也是无用功。"消费者主权"听起来很有吸引力，但本意是在呼吁将税收降到最低。事实上，正如我们在方才的讨论中所提到的，最幸福的国家是北欧国家，它们的税收占国内生产总值的百分比在世界上名列前茅。正如这些国家民选政府的行动所表明的那样，为改善人类福祉而征税已被证明是改善个人幸福的一种行之有效的方式，尽管它与消费者主权背道而驰。

---

1. 在 2020 年新冠肺炎疫情暴发期间，西方出现了哄抢厕纸和漂白剂的情况。

第 9 章

幸福感还是国内生产总值？

9.1 幸福感与国内生产总值的较量

"好吧，"丹说，"也许政府可以用政策提升人们的幸福感，但为什么政府要在乎幸福感呢？难道不应该关注经济增长——国内生产总值——而非幸福感吗？"

诚然，半个多世纪以来，人均国内生产总值一直是衡量福祉的主要指标，而提升国内生产总值也一直是政策制定者的主要目标。但是，以国内生产总值为重的战线上，企业冲锋在前，政策也以增加产出为中心。而注重幸福感则能实现以人为本，使政策致力改善人们的日常生活。

在 20 世纪 90 年代，中国的国内生产总值和幸福感呈相反方向发展，这凸显出作为人民福祉的衡量方式和政策指南，幸福感相对于国内生产总值所具有的优势。众所周知，在 1990 年后的几年里，中国的国内生产总值以有史以来最快的速度增长，这一成就被许多观察家誉为"中国奇迹"。然而，与此同时，幸福感却下降了。幸福感和国内生产总值当中，哪个指标能更好地反映人民福祉的变化呢？

答案是什么？当然是"幸福感"。一些国家的经济结构调整政策，虽然显著提高了国内生产总值的增长率，但也带来了严重的附带损害，其中最重要的是，大量的失业和社会安全网的瓦解。无论有没有失业，人们都对工作和收入保障、家庭生活和健康状况充满了忧虑。这也就难怪社会政策分析家杰拉德·勒莫斯（Gerard Lemos）会断言"国民对自己和自己的未来深感不安"。在促进产出扩张的过程中，政策制定者完全忽视了工人们的处境。然而，如果他们以幸福感为导向，他们就会看到这些新政策可能会对国民造成一定的伤害。

最近在美国发生的一件事以及美国政府对此事的回应，再次证明了关注国内生产总值会导致人们的生活水平一落千丈。自 2018 年 12 月起，美国政府部分连续停摆 35 天，导致数十万联邦政府雇员和联邦合同工下岗。美国商务部长威尔伯·罗斯（Wilbur Ross）就有关这些工人所受压力和痛苦的报道作出回应：

正确地看待这件事。我们所说的是 80 万工人。虽然我为那些生活困难的人感到难过，但即使这些工人就此下岗，再也没有收入，也只是我们国内生产总值的三分之一，所以总的来说这并不是一个巨大的数字。

政府将国内生产总值与数十万工人的生活进行权衡，而国内生产总值赢了。对于从国内生产总值角度看待问题的罗斯部长来说，近百万工人的痛苦微不足道，因为他们失去的收入（和产出）只占国内生产总值的一小部分。说得难听点：如果国内生产总值受到的影响这么小，那么发生在人们身上的事情就真的无足轻重了！至少这是一个鲜明的案例，说明了无论是否有意，把产出放在第一位会导致彻头彻尾的不人道。

相反，关注幸福感则实现了以人为本。

还有什么其他原因使幸福感优于国内生产总值呢？幸福感是一个比国内生产总值更全面的衡量标准。按人均计算，国内生产总值最多只能接近人们的平均实际收入，即社会成员生产和消费的大部分商品和服务的平均数量。而幸福感不仅反映了收入对福祉的影响，也反映了人们生活中其他重要方面的变化，主要包括工作状况、健康状况和家庭环境。因此，幸福评估关注了日常生活的方方面面，而国内生产总值仅仅关注收入。

当然，与国内生产总值不同的是，幸福是一种人们普遍认同的衡量标准。坐在沙发上看新闻的人看到"国内生产总值增长5%"，会打个哈欠然后迅速切换到娱乐或体育节目。但当评论员宣称"幸福感上升5%"时，他却会仔细听。人们知道什么是幸福感，也对此上心；而国内生产总值大多数情况下是一个遥远而神秘的概念。

此外，在测量幸福感时，并不是由外界做出判断，而是由被评估的个体做出判断。相比之下，国内生产总值是由所谓的专家来计算的，也就是把这些数字汇总在一起的人，而不是这些数字背后指向的人。

此外，幸福感是一种衡量标准，无论贫富，每个成年人都有投票权，但只有一票。相比之下，购买力更强的富人的选择不成比例地决定了生产什么商品，并构成了国内生产总值的组成部分。

"但幸福感只是取决于人们的感知。它很主观，"丹反对道，"国内生产总值是一个硬性的数字，不是更好吗？"

"是啊！我也在想同样的问题，教授——国内生产总值统计数据是硬事实。"扎克急忙说。

丹和扎克以及许多经济学家想得一样，他们认为国内生产总值是一个"硬"的统计数字，在某种程度上相当于一个可观察的实质产出，比如铁矿石的产量。与此相对应的是，许多经济学家将反映人们观点和感受的调查统计数据视为"软"数据。这似乎是一个合理的二分法，但正如我们接下来所看到的，软和硬、客观和主观、定量和定性之间的区别是 20 世纪行为主义经济学时代的遗留问题。当时，"人们所说的话不可信"被认为是一种不刊之论（详见本书第 14 章）。

说实话，并没有某一特定的硬指标能代表国内生产总值。正如测量国内生产总值的先驱、诺贝尔经济学奖得主西蒙·库兹涅茨（Simon Kuznets）反复指出的那样，在测算国内生产总值时，需要对应包括哪些内容做出许多主观判断。像照顾孩子、做饭和打扫房间这样的家庭主妇提供的无偿服务应该被计入国内生产总值吗？并没有被计入。但雇用的员工提供了同样的服务时，却被包括在内。农民家庭生产的食物由自家消费了会被计入吗？会被计入其中。但同一个家庭做饭时准备了这种食物并不包括在内。卖淫，赌博，酒精饮料和毒品是包括还是不包括？这主要取决于这些产品和活动的法律地位，这在国家和国家之间和国家内部之间是不同的，并随着时间的推移而变化（以禁酒时代为例）。那么国防开支呢？美国人是否因国家的巨额军费开支（包括在国内生产总值中）比连常备军都没有的哥斯达黎加人过得更好？在估算国内生产总值时，我们必须面对诸如此类的问题，即国内生产总值应该包括什么。因此，国内生产总值绝不是一个硬性的、客观的衡量标准：把这些数字汇总到一起的人的主观判断决定了国内生产总值的构成。

"哇，"莉莉说，"我没有任何头绪了。"

莉莉，但这并不意味着我们应该对国内生产总值置之不理。幸福感体现了人们生活中真正重要的东西。如果我们想要了解具体的经济产出，国内生产总值仍然是一个有用的工具。同样的道理，如果我们想要一个衡量健康状况的综合指标，那么预期寿命就是一个合理的指标。但是，如果想要一个全面衡量人们整体福祉的指标，并为政策提供明确的指导，那么答案就是幸福感。幸福感体现了人们生活中真正重要的东西，直接反映了世界各地普通人的主要生活情况。

一些学者反对把幸福感作为人民福祉的官方衡量标准，声称人们可能会谎报他们的幸福感。其他学者则抱怨道，这种衡量标准太不重视政治和公民权利等系统性因素。这些担忧都很合理，但他们并没有提出其他的衡量方法，使我们如今还停留在国内生产总值这一衡量标准。幸福感或许不是衡量福祉的最终解，但它比国内生产总值要好。

也有人批评幸福指数，因为与国内生产总值不同，幸福指数有上限，也就是有特定的极值。按照目前的衡量标准，无论是对个人还是国家来说，幸福感的最高值都是 10 分。与此相反，国内生产总值可以不断上升。至少理论上来说，它是可以无限上升的。

这种说法让人惊奇。难道没有上限更好吗？这一观点认为凡事不应有上限，这意味着社会目标应当是无法实现的——例如，我们永远不可能有足够的产出——如果我们某天达到了上限，那将是一种不幸。这种看待事物的方式注定会导致不满。阿尔弗雷德·丁尼生勋爵（Alfred Lord Tennyson）这样写道：

"所有经历不过是一座拱门，拱门之外
尚未游历的世界在闪光，它的边界
随着我步步逼近，不断退向远方。"[1]

浪漫的向往只能让你走到这一步，因为幸福会在地平线上消失。

一个更有意义的观点认为，乌托邦是这样一个社会：每个人都报告了上限，即最大幸福值为 10 分，每个人都完全幸福。对于那些担心在不久的将来能在何处到达这个第七天堂[2]的人来说，也无须烦恼。在世界上的任何地方，我们都还远远没有达到这个上限。我们都知道，根据世界幸福报告，10 分是最高分，幸福感最高的国家平均约为 7.5 分，而幸福感最低的国家平均只有 3 分。

---

1. 引自丁尼生的《尤利西斯》（*Ulysses*），改译自何功杰与飞白译本。
2. 第七天堂对某些群体有特定的宗教意义，也曾出现在古代天文学家的著作当中。荣格和约瑟夫·坎贝尔指出，七在各种神话中被大量使用，表明一个人已经完成了一个完整的英雄旅程。因此，在第七天堂是坎贝尔所倡导的幸福，即地球上的天堂，人们可以追寻的一种绝对幸福的状态。

当然，我们不太可能让每个人都达到10分。目前，在三个最幸福的国家——芬兰、丹麦和挪威——超过四分之一的人口处于9分或10分的水平。将全世界的幸福感提高到类似水平或许是一个合理的目标。

所以，幸福感视角并不会阻止人们追求进步。

"也许是时候举行幸福奥运了？！"泰德问道。

9.2　仪表盘方法

随着国内生产总值的日渐式微，出现了一种替代方法，即所谓的"仪表盘"方法。其实很容易理解。大家想象一下汽车的仪表盘，上面有很多指标（也许比我们大多数人所需的多），每一项指标都报告了汽车某一特定方面的性能。同样，研究人员汇集了经济、社会和其他他们认为能代表福祉的各种指标，而这些指标构成了仪表盘。当然，仪表盘本身并不能告诉我们整体福祉发生了什么变化，就像没有某个特定指标能衡量汽车的运行状况一样。一年又一年，一些幸福指标会上升，也有一些会下降，而且程度各异。因此，大多数幸福仪表盘还包括一个综合指标，计算仪表盘各项指标的平均值，尽管没有固定的权重。

联合国于1990年提出的人类发展指数（Human Development Index，HDI）是仪表盘方法的重要先驱，目前每年仍在发布。人类发展指数是每个国家这三个项目的平均值：人均国内生产总值、出生时预期寿命以及平均受教育年限。当然，人类发展指数给出的世界各国排名与人们预期的人均国内生产总值有很大不同。福利国家在政策上强调一国人民的福祉，由于他们对健康和教育的关注，通常占据前十名，而人均国内生产总值的领先者通常是盛产石油的中东国家。美国的人均国内生产总值排名第10，但在人类发展指数上却与英国并列第15位。

自从人类发展指数出现以来，人们提出了越来越多的仪表盘指数，通常涵盖的指标会更广泛。作为说明，表9.1列出了其中的一些指数和构成每一个幸福指数的指标类别的数目。我们看到，指标类别的数目从3个到54个不等。此外，这些指标类别通常在不同的仪表盘之间有很大的不同，如表9.2所示。例如，"美好生活指数"（The Better Life Index）包括政治参与和工作生活平衡度等因素，而"真实进步指数"（The Genuine Progress Indicator）则特别关注了许多环境问题。

表9.1 部分幸福仪表盘指数（课程讲义五）

仪表盘名称	指标类别数目
美好生活指数	11
不丹国民幸福指数	9
真实进步指数	26
全球和平指数	23
全球幸福指数	3
人类发展指数	3
可持续经济福利指数	7
列格坦全球繁荣指数	4
多维贫困指数	10
社会进步指数	54

表 9.2　两种仪表盘测量方法的主要指标类别（课程讲义六）

美好生活指数（11 个指标）	真实进步指数（26 个指标，只列举部分）
住房条件	经济
家庭收入	收入不平等
工作保障与失业	消费支出
社会支持网络	耐用消费品库存
教育	非充分就业成本
环境质量	
民主参与度	环境
健康	水污染成本
生活满意度	空气污染成本
谋杀和袭击率	二氧化碳排放
工作生活平衡度	湿地流失
	社会
	家务劳动及养育价值
	犯罪成本
	志愿工作的价值
	通勤成本

"在我看来，仪表盘的想法似乎有点草率，"基顿辩驳道，"而且伊斯特林教授，你的解释也没有让人觉得这种方法更好。"

有人可能会为此辩护，仪表盘的提议实际上是朝着正确方向迈出的一步，因为降低了国内生产总值的重要性。此外，仪表盘的具体指标通常能够反映各种可能影响人们福祉的因素。但仪表盘存在许多问题，其中许多问题与国内生产总值所存在的问题相同。首先，正如我们方才所见，关于仪表盘的内容，存在着各种各样相互矛盾的概念。这就像过去学者们对"美好生活"所涵盖的内容进行判断时一样，一千个人眼中就有一千个哈姆雷特。不仅如此，还出现了如何将仪表盘的各项指标组合在一起构建综合指标的问题。以人类发展指数为例，正如刚才提到的，它只包括三个指标。如何计算那些实际上并不可比的指标的平均值呢？人均国内生产总值、出生时预期寿命和平均受教育年限有不同的计量单位：美国国内生产总值以美元为单位，预期寿命以年为单位，受教育年限也以年为单位。如果你认为由于都以年为单位，预期寿命就能和受教育程度相比较，那么试试这么想：如果你的平均寿命是 60 岁，受教育年限是 12 年，那么答案是 36。那么，这意味着什么呢？这就相当于计算 60 磅牛排和 12 磅钉子的平均值。试图回避这个问题，例如，像人类发展指数那样，将每项指标转换为以百分比表示的指数，也只是改变了问题的措辞。就人们的福祉而言，牛排产量 1% 的变化是否等于钉子产量 1% 的变化呢？

　　谁来决定仪表盘的内容，以及如何构建综合指标？（它是 2020 年丰田普锐斯的仪表盘还是 1920 年福特 T 型车的仪表盘？）无论如何，可以肯定的是，决策者不是那些被评估的人。由于每个仪表盘上的指标具有多样性，分析过程中存在的主观性问题很难服众。而且，无论仪表盘所涵盖的内容有多广，最终得出的综合指数可能会像国内生产总值和人类发展指数一样让公众觉得神秘莫测。

"或许与其说这种方法草率，不如说这太蠢了。"基顿打断道。

显然，我们需要一个衡量社会福祉的基本标准。但是和国内生产总值一样，仪表盘也是由外部观察者编造出来的，而他们每个人也都在决定什么是幸福；因此，推而广之，政策相关性仅仅取决于政策制定者个人的先入之见。与此不同的是，幸福感反映的是人们自身对于福祉的理解。如果幸福感成为衡量社会福祉的主要标准，公共政策将变得更适用于人们的生活。

人们的感受将会走到聚光灯下。

第三部分
问答环节

第 10 章
谁更幸福：年轻人还是老年人？
男性还是女性？

10.1 年龄与幸福有什么关系？

这时，我邀请全班同学发言。

"开火吧，大家尽情提问！"

吉尔打头阵，率先发问："随着年龄的增长，幸福感会发生什么变化？"

大家都在思考。

"我知道，"埃文脱口而出，"幸福感是 U 形的！幸福感在 50 岁之前会下降，然后随着年龄的增长而上升。我在平板电脑上看到'如果你不到 50 岁，就还没有跌到谷底'。"

好吧，埃文，你说得没错，媒体宣称幸福感是 U 形的，但实际上，世界上并没有一个普适的特定幸福周期模型。然而，人们的幸福感变化确实存在一定程度的一致性。在一些发达国家，随着人们年龄的增长，幸福感往往呈波浪形变化，而非 U 形变化。其中一个波浪确实在人们 50 多岁时触底，这就是所谓的 U 形波谷。

我们讨论的是哪种波浪呢？涌向岸边的海浪高度不一，幸福生命周期中的波浪也是如此，有时在一连串的波浪中会有一个停顿——就像我们在海滩上看到的一样。

以下是幸福生命周期的主要模式（图 10.1）。当大多数人还在上学的时候，幸福感很高，（全班欢呼起来！）趁你还能享受的时候好好享受吧，因为幸福感随后会逐渐减少，当人们在 20 岁出头到 25 岁左右的时候就会处于低潮期（班里开始抱怨和叹息）。在那之后，幸福感会缓慢增长直到 35 岁左右或将近 40 岁，随后是一个衰退期，在 50 多岁时下降到所谓的谷底。最后，会出现一次相当急剧的反弹，在 70 多岁时达到顶峰，随后出现第三次下降。大多数变化的幅度都很小，但第一次下降和最后一次升降的幅度是相当大的。

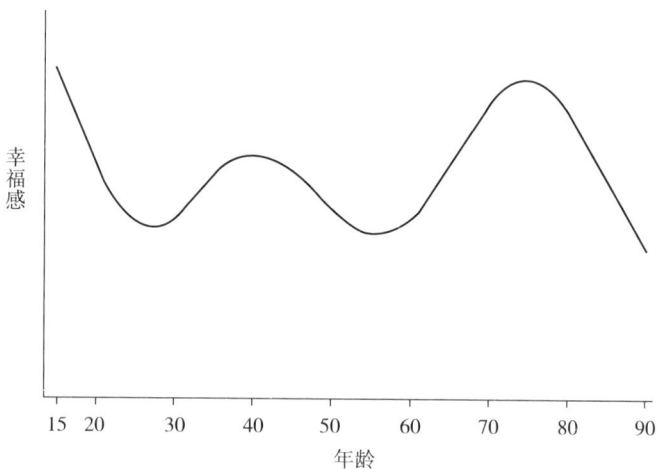

图 10.1　幸福生命周期（课程讲义七）

幸福感的峰值往往出现在青少年时期、近 40 岁和 70 多岁的时候，而幸福感的低谷则出现在 20 多岁、50 多岁和 80 岁以上。

大家会发现这个模式反映了坎特里尔的发现，即影响个人幸福的最重要的因素是一个人的经济状况、家庭环境和健康问题。第一个低谷是工作所致，发生在从学校进入职场的过渡时期。对年轻人来说，这是一个艰难的时期，随着他们离开学校去找工作，迈出职业阶梯上的第一步，他们会承受更多压力和焦虑。（我扫了一眼学生们的表情，他们突然开始愁眉苦脸，我知道这个消息有多使人心烦——他们以为上大学就是人生中最艰难的时期。）

家庭环境主要决定了人们从 20 多岁到中年时期的幸福历程。正如我们所看到的，通常在 25 岁左右到将近 40 岁之间，人们寻找伴侣、建立家庭，幸福感会增加（详见本书第 5 章）。随后，幸福感则会衰退，反映出家庭幸福感逐渐被逆转的变化趋势，这种衰退与离婚率的上升和单亲家庭的增长同步出现。

当人们到了 60 岁时，退休会大大增加幸福感。但最终，所谓的黄金老年期也会结束，因为健康状况的恶化或守寡所致的孤独感会带来负面影响，从而降低最年长的老年人的幸福感。诺贝尔经济学奖得主安格斯·迪顿（Angus Deaton）说得很直白："随着年龄的增长，坏事就开始发生了。"因此，尽管备受吹捧的 U 形曲线暗示着人们老年时期幸福感的不断提升，但波浪形曲线更有可能反映出现实生活，坦率地说，波浪形曲线更符合常识。

当然，个人经历的幸福感变化可能的确会偏离平均水平，有时甚至会偏离很多，但我们在这里只讨论平均水平。我很幸运地拥有了幸福的生活，在 50 岁的那几年被认为是人生低谷的时期，反而是我最幸福的日子，这要归功于我的第二次婚姻。

"好吧，那 U 形是怎么回事？"埃文追问道，"怎么会如此广为人知？"

首先，埃文，你的追问是对的，U 形曲线确实是被广泛熟知的。你能猜到原因吗？在幸福感研究中，U 形曲线主要来自从 20岁左右至 65 岁以上的人们幸福感的横截面研究。这样的横截面研究非常多，几乎所有的研究都发现了 U 形曲线，因此受到了媒体的广泛关注。正如我们所知，横截面研究并不能为历时变化提供可靠的答案，而 U 形曲线就是一个典型的例子。我们会发现，时间序列研究往往能提供一种非常不同的、更准确的解释。对一生的幸福历程来说也是如此。

因此，图 10.1 中的波浪图是基于时间序列数据而非横截面研究绘制的，这并不足为奇，因为时间序列数据更加全面地反映了人一生的幸福变化。这种模式主要来自我以前的两个研究生罗布森·摩根（Robson Morgan）和凯尔西·J. 奥康纳（Kelsey J. O'connor）最近发表的研究（图 10.2）。他们分析了 17 个欧洲国家的数据，这些数据的时间序列很长，从 20 岁到 80 岁以上，并额外提供了 15 年的老年时期的观察数据。这种波浪形的模式是这 17 个国家的平均模式。大多数国家都显示出这种模式，但也有例外。而且，我们要记住，个人经历可能会大大偏离平均水平。

凯尔西（Kelsey）以及经济学家保罗·弗里吉特斯和托尼·比顿的研究都为摩根和奥康纳的研究结果进行了补充。凯尔西从欧洲数据的特殊表格中得出了研究结果，而弗里吉特斯和比顿则是对德国、英国和澳大利亚三个国家共同进行了一项研究，该研究跟踪了同一个人变老的过程。这些额外的数据可以延长生命周期的范围，在较年轻的一端，增加15—20岁的数据，在较年长的一端，增加65岁以上的数据，这些数据对于绘制一幅更全面的波浪图至关重要。

图10.2　悠闲的经济学家们：罗布森（左）和凯尔西（右）

（感谢罗布森·摩根和凯尔西供图）

正如你所看到的，U形曲线的一个原因是横截面研究的时间跨度被截断了——遗漏了20岁之前和65岁之后的情况。但是，横截面研究还有其他共同特征导致了U形的结果。首先，大多数研究人员机械性地跟随最初横截面研究的脚步，强行采用二次方程模型来研究生命周期的幸福数据（以前我也曾犯过这样的错误）。因此，生命周期轨迹只能呈现为一个U形或倒U形。波浪图甚至不可能出现。但是，如果我们抛弃僵化的数学公式，采用一种更灵活的方法——即简单地计算从年轻到年老的连续年龄组的幸福感，我们会发现过程中有多重起伏。刚才提到的时间序列研究就采用了这样的方法。

其次，大多数生命周期研究对待各种不同变量时都有不切实际的考量，因为在整个生命历程中，除了年龄之外的一切都被认为是不变的。实际上，这种方法回答了一个看似有些荒诞的问题，即：如果将处于完全相同的经济状况、健康状况、家庭生活等条件下的年轻人、中年人和老年人进行比较，他们的幸福感有何不同？现在想想你自己的家庭，你很快就会意识到，如果你想知道人们在生命周期中的幸福感变化，这样的问题是不现实的。你们中有多少人的父母和祖父母的生活环境与你们相同？让我大胆猜测一下，答案是"没有"。

生活的本质是，许多情况会随着年龄的增长而规律性地变化。当然，这些变化对每个人来说都不一样，但在相似的年龄段的人们会有很多共同的经历——上学、找工作、寻找伴侣、组建家庭、退休、健康状况下降等——这些经历相当系统性地影响着人们的幸福。如果你想知道人们的幸福感随着年龄增长所发生的普遍变化，你需要考虑这些因素的改变在整个生命周期中的影响。这些因素都是可量化且可观测的。

"但是，这有什么意义呢？为什么要费心去做那些保持生活环境恒定的分析呢？"简问道。

简，尽管你的批评是合理的，但我确实认为这些分析很有用。这类研究的目的是研究年龄的变化如何影响幸福感，而且是只有年龄发生变化的情况下，幸福感如何变化——一些分析家称之为年龄的"净影响"。研究人员提出的问题是："衰老过程本身对幸福感有什么影响？"为了回答这个问题，在数据允许的范围内，他们比较了除年龄外在各方面都相同的人——他们有相同的性别、收入和受教育经历，除了年龄之外，毫无二致。那么，青年、中年和老年时期人们的幸福感有什么不同呢？

为了进一步说明这个问题，让我们先把目光从幸福感转移到心脏病的问题上，这能告诉我们了解年龄的净影响有什么样的用处。大家都知道吸烟和肥胖这样的问题是心脏病的诱因。但我们可能也想知道年龄到底会有什么样的影响。例如，我们把一个20岁的人和一个60岁的人进行比较，如果在已知的心脏病病因方面两者没有什么不同，那么老年人仅仅是因为年龄大而更容易患心脏病吗？年龄本身是导致心脏病风险增加的一个因素吗？答案当然是肯定的。了解了这一点，就可以得出一个有用的建议：老年人应采取更多预防措施来减少患心脏病的概率。

因此，研究年龄本身如何影响幸福感是饶有趣味的，尽管我们应该认识到，年龄实际上只是代表了一个或多个更基本的与衰老过程有关的因素，也许是一些生物因素，我们还无法确定。但是，与此同时，仅仅知道年龄与幸福之间的关系并不能了解人们真实的生命体验。正如时间序列结果所凸显的那样，如果我们想知道随着人们年龄的增长，幸福感会呈现出什么样的典型趋势，就必须考虑到过程中所有生活环境的变化所产生的影响。

10.2　谁更幸福：男性还是女性？

艾米丽提出了这个问题："你刚才说工作和家庭生活对人们的幸福感来说至关重要。但我记得你也提到了，女性更注重家庭生活。那么，男性和女性的幸福感有什么不同吗？"

实际上，在大多数发达国家，女性和男性的幸福程度总体上是一样的。其实，在美国，女性和男性的平均幸福评分基本上是相同的。但是，艾米丽，还有一个关于生命周期的问题：这种总体上的平等掩盖了男女在年龄上的重要差异。尽管女性和男性基本上都遵循波浪形模式，但女性在中年之前会更快乐（班上有一半人欢呼）；此后，男性会更幸福（来自班上另一半人的欢呼）。

女性和男性在生命周期中相对幸福度的逆转归根结底有三个原因：与男性相比，女性通常结婚年龄更早，预期寿命更长，劳动参与率更低。这三种情况几乎在世界上的所有国家都普遍存在。正如艾米丽所指出的，在相同的家庭环境下，女性的幸福感与男性也有些不同，比如在生孩子这件事上。我们在玛吉·斯维特克的研究结果中能看到有关证据，与男性相比，女性的幸福感更容易受到为人父母的影响（详见本书第 5 章）。

结婚年龄能够解释男女一生幸福感的差异，因为正如我们所知，婚姻——或者更准确地说，找到终身伴侣——会提高幸福度。因为女性通常比男性更早结婚，所以大部分女性比男性更早在生命中享受拥有伴侣带来的积极作用，因此，在生命的这一阶段，女性总体上更幸福。直到男女到了四五十岁的时候，结婚或同居的比例才大致相等。在 60 岁及以后，女性结婚的可能性比男性要小，所以伴侣关系带来的积极效应转而有利于男性。

女性在老年时结婚的可能性比男性低，是因为在许多发达国家，女性的平均寿命比男性长 5 年或更长。因此，越来越多的女性处于丧偶状态，由于失去了伴侣，她们的幸福感也随之降低。相反，那些有幸活到老年的男性比女性更有可能仍然拥有伴侣，因此比大多数女性更幸福。同样，老年的女性更不易受益于退休所带来的幸福感，因为与男性相比，有劳动经验的女性所占比例较小。全世界女性的劳动参与率目前平均约为男性的三分之二；在美国，约为五分之四。在少数几个国家，主要是北欧和东欧的一些国家，女性的劳动参与率几乎与男性相同，在这些国家，退休对于幸福感的影响几乎没有性别差异。但在大多数国家，无论是发达国家还是发展中国家，劳动力中男性占比更多，因此，平均而言，男性退休后的幸福感会得到更大程度的提升。

"你之前讲到了年龄对幸福的净影响，"简顺着艾米丽的思路说道，"性别也有净影响吗？如果在相同的情况下比较女性和男性会怎么样？女性的幸福感与男性相比如何呢？"

简，这方面对女性来说有个好消息。如果我们将女性和男性在相同的环境下进行比较，女性会和男性一样幸福，或者更幸福（班里再次欢呼起来，有些人暗自跺脚）。我以前的一位研究生杰基·茨威格（Jackie Zweig，图 10.3）研究了这个问题，涵盖了全世界 73 个有可靠数据的国家，比较了在相同条件下——年龄、收入、职业、教育、健康、婚姻状况等，女性和男性的幸福感。在 73 个国家中，有 62 个国家的女性幸福感高于男性，其中约三分之一的国家女性幸福感显著高于男性。只有哥斯达黎加一个国家的男性明显更幸福。

当然，在现实世界中，女性总是面临着比男性更不利的生活环境。几乎在所有国家，女性的收入更低，受教育程度更低，丧偶的可能性更大，反馈的健康状况也更差。这些因素都会降低女性相对于男性的幸福感。杰基在研究之初就很清楚这一点，当她的分析考虑到这些因素时，女性在幸福感方面就处于劣势了。但在大多数国家，女性在晚年仍然和男性一样幸福，或比男性更幸福。在73个国家当中，男性明显更幸福的国家只增加到了四个。所以你看，简，你的问题揭示了净性别效应对女性的巨大影响，这种影响足以抵消一些与男性相比明显不利的生活环境对幸福感的影响。

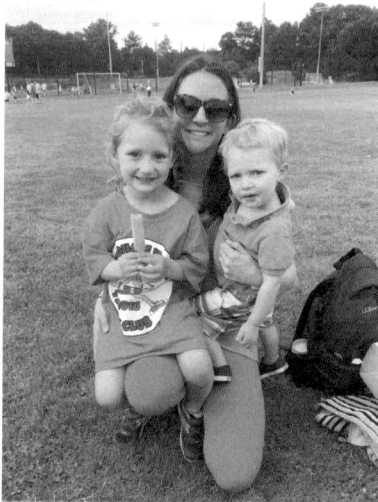

图 10.3　杰基抱着孩子们（在足球场）

（感谢杰奎琳·茨威格供图）

10.3　冲过终点线

那么，谁更幸福呢？年轻人还是老年人，女性还是男性？无论是哪个问题，都没有确切的答案。在生命周期的早期，女性更幸福；而后，男性会更幸福。在整个生命周期中，两性都经历着类似的幸福起伏，年轻人和老年人并没有明显的区别。

第11章

进一步探讨金钱与幸福

11.1 中彩票

欧文焦急地看着我。看得出来，同学们不会因为问了几个关于年龄和性别的问题就放过我。

"我读了布里克曼关于健康和幸福的文章，文中提到中彩票不会增加幸福感。这是正确的吗？"

那篇文章确实是这么说的，但欧文，我们要记住，布里克曼等人的分析是在 40 多年前完成的。归功于他们，该研究是第一个研究彩票的幸福效应的研究，因此是促进幸福研究的重要一步。然而，这是一个横截面分析，而且样本量非常小。后来，人们进行了更大样本量的时间序列研究。这些研究一致发现，中彩票确实会增加幸福感，但前提是得中大奖。小收益并不重要，因为对一个人的收入状况没有持久的影响。但大收益通常会产生持久影响。

其实很容易理解为什么中大奖会增加幸福感。突然间，你的收入增加了很多，而其他人却没有变化。在这种情况下，你的收入参考水平保持不变，因为其他人的收入保持不变，而你自己的收入大幅增长。结果就是：幸福感增加。不用说，如果每个人都中了彩票，没有人会更幸福，因为收入参考水平会随着每个人收入的增加而增加。但我们都知道，不可能每个人都中彩票。结果呢？在大多数情况下，大额彩票的受益者比以前更幸福了。

欧文看起来松了一口气。

11.2　为什么幸福和收入会同步波动？

"之前你说过，经济萧条的时候，幸福感会下降，"莉莉提醒我们，"幸福感和收入会在短期内同步下降，对吗？"

我点点头，等她继续往下说。

"但是，如果社会比较是收入增加时阻止幸福感上升的关键因素，那么为什么收入减少时幸福感会下降呢？社会比较起到什么作用呢？如果每个人的收入都减少，那么我并不比我的邻居更差，我的幸福感不就保持不变了吗？"

很棒的分析思路，莉莉。答案取决于一些我们之前没有讨论过的内容：人们对收入减少和增加的反应是不同的。你应该还记得，我在之前的课上举的例子都是关于收入增加对幸福的影响（详见本书第 3 章）。经济学家简 - 伊曼纽尔·德内夫（Jan-Emmanuel DeNeve）及其同事最近的统计研究表明，这种影响模式并不是双向的。当收入上升时，幸福感保持不变，但当收入下降时，幸福感却会随之下降，直到收入降到最低。

人们在收入下降时幸福感降低，这是心理学家所说的"习惯化"的结果。人们开始习惯更高的收入，改变了自己的生活方式，包括衣着、汽车、房子、度假目的地，以及他们为新的生活方式而背负的债务。因收入增加而形成的生活方式，会成为人们自我的一部分，迅速适应并融入他们的行为和认知。因此，当人们经历收入的大幅下降时，比如在经济衰退时期，人们就无法过上他们所习惯的生活。他们必须适应一种全新的更清简的生活方式，他们的幸福感就会下降。那个喜欢在开曼群岛度假、在提基酒吧度过漫漫长夜的人已经不复从前，因为他再也不能做那些事情了。但随着经济复苏，收入触底回升，恢复到衰退前的水平，幸福感也就逐渐恢复了。

我之前区分了两种类型的比较，人际比较和自我比较（详见本书第4章）。正如我们所知，当收入增加时，人际（或社会）比较决定了我们的收入参考水平：我们正努力跟别人攀比。但是，当收入下降时，自我比较就占上风了。我们会发现，当人们想到房贷、车贷等固定债务时，会感到巨大的压力。当收入下降时，人们对背负的固定债务越发担忧；即使其他人也面临着相同的问题，人们也不会感觉更好。还债的烦恼迫使人们转向自我比较。因此，在经济衰退期间，当收入下降时，幸福感也会下降，因为人们的收入低于他们所习惯的基准收入。在经济低迷时期，人们的收入参考水平不再是别人的收入，而是他们自己过去的收入，曾经的最佳收入。哪怕同辈也感到生活变得匮乏，也不能弥补人们既定的生活方式所受的影响，更不能帮助人们减轻经济负担。对于那些已经习惯了经常看主场橄榄球比赛的人来说，即使其他人也负担不起看球赛了，他们也依然不会感到安慰。人们会感到生活变得拮据，幸福感降低。这就像同龄人都会随着年龄的增长，体质一年不如一年。所有人都对自己的健康状况不那么满意，因为他们都不如以前健康了。同样，在经济收缩时，每个人都不如从前幸福了，因为所有人的钱都比以前少了，而且都面临同样的偿债难题。（当然，"所有人"是一种夸张说法。为了方便起见，我在这里这么说。）

可以预见的是，随着经济复苏，收入恢复到经济衰退前的水平，人们的幸福感也会随之上升，因为他们现在越来越接近自己的基准收入水平。他们可以重新去现场看主场橄榄球比赛，对自己的经济状况更有安全感，这样他们的幸福感也会逐渐回升。因此，在经济周期复苏的过程中，幸福感会增加，直到收入超过之前的基准水平。那么人们的幸福感会继续上升再攀高峰吗？大家都知道答案了吧。唉，收入再创新高也并不能进一步增加幸福感，因为社会比较再次取代了自我比较，干预了收入参考水平。我们又回到了社会比较使的坏（详见本书第3章）。换了辆雷克萨斯的人并不会比以前更快乐，因为所有的朋友也换了。与此同时，负债增加了，这或许是在为幸福感下降创造条件。

当然，在现实中，两种比较之间的转换不是瞬间发生的。无论收入是上升还是下降，从一种比较到另一种比较，都会经历合理的、一致的、渐进的转变。

"等等！"莉莉说，"在讨论健康的时候，你告诉我们，自我比较意味着与过去的经历进行比较。现在你却说这是和刚刚经历的事情相比较。那么，到底是哪一种呢？"

问得好，莉莉——你总是能问到点子上。其实，自我比较的参考水平既可以是过去，也可以是现在——这取决于我们在讨论什么。我给大家讲得更清楚一点。

让我们拿之前举的例子来看自我比较，在这个例子当中，我们讨论的是健康，而对于健康来说，人们最佳的体验通常发生在过去，有时甚至比较久远。相比之下，就收入而言，人们得到最高收入往往是最近发生的事。

心理学家丹尼尔·卡尼曼等人对结肠镜检查和碎石术这两种医疗手段的治疗过程进行了一项著名的研究，这有助于解释健康和收入基准水平之间的差异。（又是卡尼曼，还记得他吗？他提出了参考水平这一概念：详见本书第 3 章，而且还设计了日常活动调查问卷：详见本书第 6 章。难怪他获得了诺贝尔经济学奖！在这个案例中，卡尼曼的调查表明，一个人对治疗过程中痛苦的记忆主要取决于其在过程中的两个点的感受，即高峰和终点，这一概念被称为峰终定律[1]。虽然这项研究是关于治疗过程的，但我认为这一定律也与健康和收入的基准水平有关。

尤为相关的是卡尼曼研究中的关键特征——时间点。让我们根据卡尼曼的发现来思考一下收入和健康的生命历程。当然，对于健康和收入来说，体验的终点都发生在同一时间点，即现在。但高峰是完全不同的。就健康而言，高峰是在过去，而就收入而言，高峰通常是现在。从我个人经历来说：20 多岁的时候，玩个橄榄球我还能传球，网球也打得相当好。那些日子一去不复返了。现在我很幸运，还能在高尔夫球场上蹒跚着走一圈。与之相

---

1. "峰终定律"（Peak-End Rule）是丹尼尔·卡尼曼提出的经典理论，这个定律的核心结论是：高峰（不管是正向，还是负向）时与终点时的两种感觉，是未来最容易让人回忆起的体验。

反的是，在我的职业生涯中，我的收入一直在稳步增长。体质下降是衰老带来的普遍现象，而随着职业经验的积累和职位的晋升，收入可能会增加。因此，健康的基准与收入的基准不同，因为其早期峰值将基准拉回到过去。相反，对于收入而言，直到退休，峰值通常与最近（终点）的情况相一致。因此，健康的参考水平是过去，而收入的参考水平是现在，收入的高峰和终点通常发生在同一时刻。

11.3 这山望着那山高：记错过去的幸福水平

艾玛提了一个尖锐的问题："为什么人们不吸取教训，意识到收入增加并不能让他们感到更幸福呢？你提到过，人们最终能意识到，金钱和幸福相伴这种想法是一种错觉。"

推理得很好，艾玛。这个问题的答案就藏在人们用于评估自身经历的收入参考水平里。我们都知道，经济增长会提高我们的收入基准。在经济增长时期，大多数人的收入呈上升趋势。因此，社会比较将建立在逐步增加的收入基准水平之上。人们会用这一较高的收入基准来评估早年和现在的收入。这就是这个问题的关键所在。当人们被问到："5 年前你有多快乐？"他们会根据当前较高的基准来评估过去的情况，而不是根据 5 年前实际的参考水平。人们现在的生活比 5 年前更加丰富，而且会根据当前更富足的生活来评估过去的生活。

在这种情况下，当经济增长提高了收入基准时，人们就会觉得过去的生活不如现在的生活吗？没错！因此，人们通常会认为自己五年前没有现在幸福。在 20 世纪后期，美国连续 25 年进行年度调查，调查发现人们几乎无一例外地认为自己 5 年前不如当下幸福。但实际上，5 年前，人们的感受基于当时较低的收入参考水平，而不是现在相对更高的参考水平。其实他们当时和现在一样幸福。

我们之前研究了自第二次世界大战结束以来美国人的幸福感趋势（详见本书第 3 章）。我们发现趋势变化较为平稳，甚至稍有下降，这说明过去人们的幸福感实际上和现在差不多，甚至比现在更强烈，这与人们的反馈恰恰相反，人们通常认为自己五年前不如现在幸福。这是因为人们错误地评价了过去，认为自己当时没有那么幸福，但其实他们和现在一样幸福，他们没有意识到收入增加并不会提升幸福感。简言之，因为人们低估了过去的幸福水平，所以并不会吸取教训，认识到拥有更多金钱并不会使人感到更幸福。艾玛，这就是在幸福领域人们不吸取教训的原因。

然而，并不仅仅在幸福领域会发生这种情况，以当下的条件来评估过去这种趋势也会出现在政治领域。例如，有人调查了同一组受访者 10 年前和 10 年后的政治态度。在 10 年后的调查中，受访者还被问及他们 10 年前的态度。结果发现，尽管态度已经发生了改变，人们也会认为自己过去的态度和现在的态度相同。他们根据现在的观点来回忆过去的政治态度，就像人们根据现在的情况来评估过去的幸福感一样。

11.4 蒸蒸日上？错误预测未来的幸福水平

现在的收入参考水平不仅是评估过去幸福的基准，也是预测未来幸福的基准。当被问到"在你看来，5 年后自己会有多幸福"，大多数人都会回答自己将会变得更幸福。他们之所以这么乐观，是因为他们正在将 5 年后的预期收入（对大多数人来说，5 年后的预期收入比现在高）与目前的收入参考水平进行比较。他们没有意识到，当他人的收入和他们自己的收入一起增加时，参考水平也会增加，从而抵消收入增加对幸福的积极影响。当被问及收入更高是否会让他们更幸福时，他们下意识地做出了同样错误的假设：自身的收入会增加，而其他人的收入不会。因此，他们预测自己的幸福感会增加。然而，正如我们所知，大多数人的收入会随着时间的推移而增长，从而提高收入参考水平。因为收入参考水平——即别人的收入——随着自身收入的增加而增加，所以幸福指数保持不变。

11.5 所有的效用都是一致的吗？

也许这给我们敲响了警钟——我们的期望并不一定能够实现。这一结论在社会心理学中很常见，大量研究关注到了这种差异。研究人员区分了决策效用（decision utility）和体验效用（experienced utility）这两种类别，前者指的是对某一特定选择的预期满意度，后者指的是实际的满意度。我们都可以从个人经验中得知，决策效用和体验效用并不一定相同。我们点了甜点单上的柠檬塔，却发现它的口感太过湿软，而且太甜了，只能偷偷地用羡慕的目光看着我们的女儿狼吞虎咽地吃拿破仑。我们的决策效用并没有涵盖这种似塔非塔的食物所带来的体验效用！

这两种效用可以简明地解释我们对于收入增加对幸福感影响的错误认知。个人收入越多的决策效用（或预期结果）是幸福感增加；然而，体验效用（或实际结果）却是幸福感没有发生变化，因为其他人的收入也增加了。社会比较导致体验效用最终低于决策效用。他人收入增加对幸福感的负面影响，抵消了自身收入增加对幸福感的正面影响。

主流经济理论忽视了这两个概念之间的区别，将经验效用等同于体验效用。作为一个关键的主流理论，显示偏好理论（The Theory of Revealed Preference）假定人们在试图使效用最大化[1]，在这种情况下，也就是幸福感最大化，在 X 与 Y 两种情况都可以选择的情况下，人们选择 Y 是因为 Y 的效用大于 X。换句话说，人们会选择自己认为能带来更多幸福感的情境。理论家会主张，人们在做出选择后一定会更幸福，这意味着体验效用和决策效用相同。当然，只有亲身经历过，我们才能知道我们所选择的东西的真正效用，尽管影响这个等式的因素各不相同。对于柠檬塔来说，也许是放了太多的糖，又或是设置了过低的烤箱温度？对于幸福感来说，一旦分析过程中添加了理应被考虑到的社会比较，决策效用和经验效用之间假定的同一性就会瓦解。由于社会比

---

1. 效用最大化：指在个人可支配资源的约束条件下，使个人需要和愿望得到最大限度的满足。

较，人们无法正确预测决策的结果，体验效用远低于决策效用。

11.6　结　语

决策效用与体验效用之间的区别又让我们回到了我在课程伊始讲到的，关于经济分析的最终目的的争论。大家应该记得，意大利经济学家维尔弗雷多·帕累托（Vilfredo Pareto）曾断言，经济学是一门关于选择的科学，而不是关于福祉的科学——实际上，经济学止于决策效用。帕累托的观点概括了贯穿 20 世纪的学科观点。但如今，越来越多的经济学家——不仅仅是那些研究幸福的经济学家——对结果感兴趣。换句话说，他们对体验效用感兴趣。因此，美国联邦储备委员会（美联储，US Federal Reserve Board）前主席本·伯南克（Ben Bernanke）表示："经济学的最终目的是……理解并促进福祉的改善。"

对于那些赞同帕累托观点的人来说，幸福在经济学中没有一席之地。对于那些赞同伯南克观点的人来说，幸福就是经济学的全部——而且可以确信的是，幸福经济学家都在伯南克的阵营中。

第 12 章
民主、宗教、慈善、志愿服务等
因素如何影响幸福？

12.1 什么最重要？

班里一阵躁动。在我走上讲台的时候，有些同学窃窃私语，举起了手。看来今天他们满腹疑云，没等我开口就陆续开始提问。

"据我所知，"泰勒脱口而出，"有一大堆你没提到的事情都可以让人感到幸福。比如说民主、文化、更平等的收入、更健康的环境等。"

"对啊，"彼得附和道，"而且你只提到了直系亲属，但却没有说其他的亲戚、朋友和邻居。"

"我认为通过捐赠或志愿活动帮助他人很重要。而且，还有宗教呢！"格雷琴补充道。

大家说得都非常有道理！

我马上就会讲到这些因素，但首先让我重申一下我们的出发点。记得在这门课刚开始的时候，我们讨论过哈德利·坎特里尔对于幸福最重要的因素的调查（详见本书第 2 章）。坎特里尔首先询问了人们的期待：想象未来最美好的画面，那时你将非常幸福。调查还问了人们一个关于恐惧的类似问题：想象未来最糟糕的画面。请记住，这项调查是完全开放式的，因为人们不会被引导说出某些预设的答案。所以，人们会想什么使自己幸福，什么使自己不幸福，并且自主地说出心中的答案。

对我来说，这些答案会告诉我们什么是影响人们幸福的最重要的因素。分析家、政策制定者和日常生活中的个体从而能够知晓在提高幸福感的时候应该关注什么方面。

为什么我们还没有讨论泰勒、彼得和格雷琴提到的那些事情呢？那是因为人们在回答坎特里尔的调查问题时很少提到，甚至从未提到这些因素。

一开始，我们发现在坎特里尔调查的 13 个国家中，每个国家排在前三的问题都是：受访者的经济状况、家庭环境和健康问题。幸运的是，坎特里尔列举了这些条目所包含的具体内容，也补充了受访者所提及的并不属于这三个类别的内容。我给大家具体讲一讲，这样或许能够更好地了解人们在被问到幸福问题的时候是如何回答的。如下所示，在坎特里尔的每个项目旁边的括号中，我标注了在这 13 个国家中，提到了这个项目的受访者人数超过 10% 的国家的数量。

坎特里尔在个人经济状况下列举的主要项目有：

良好或较高的生活水平（13）

拥有自己的房子（12）

稳定或合意的工作（10）

拥有自己的农场或生意（10）

拥有现代便利 / 财富（8）

更多闲暇（5）

家庭方面的项目相对较少：

孩子（13）

幸福的家庭生活（12）

幸福的晚年生活（4）

亲戚（2）

健康方面的项目也相对较少：

良好的健康状况——自身（11）

良好的健康状况——家庭（7）

因此，我们的三大主要问题可以分解为12个更详细的问题。除了这12个详细的问题，在坎特里尔的调查中，还有一些其他问题被超过10%的受访者提及，但出现这种情况的国家非常少。以下就是这些项目，以及提及这些项目的受访者比例达到10%的国家数量：

和平（4）

自我发展或进步（3）

情绪稳定或成熟（1）

做一个正常、体面的人（1）

获得个人价值感（1）

被他人接纳（1）

解决宗教问题（1）

偶尔会有受访者提到自由和社会公正等内容，但在所有国家中提到这些内容的受访者都没有超过 10%。

在坎特里尔的发现中令人震惊的是，人们最常关切的问题都非常现实。大多数情况下，日常事务对于人们的幸福感来说极其重要，而且人们认为自己有能力控制这些事。在非常贫穷的国家，这可能就会呈现为温饱问题，而在相对富裕的国家，则是生病时就医的问题。但在所有国家，最重要的日常事务就是幸福的关键。我们还会注意到，人们的回答都十分贴近家庭生活。直系亲属经常被提及；只有两个国家提到亲戚的受访者比例能达到 10%，而提到朋友和邻居的受访者比例则远远不及亲戚的比例。

所以，这就是为什么我一直关注经济状况、家庭环境和健康问题这些世俗的日常——因为人们一次又一次地告诉我们，这些日常事务对于他们的幸福来说最重要。

让我们回到泰勒、彼得和格雷琴在课程开始时提到的因素：朋友、邻居、收入更平等、民主、文化、环境、志愿服务和宗教。对于其中的大多数因素来说，一些研究会认为它们有助于人们获得幸福，但这些研究几乎总是横截面研究，正如我们所知，横截面的关系并不一定能够反映事物的历时变化。

让我们从几个例子开始。（提醒一下：在这一点上，我与一些研究幸福经济学的同事分道扬镳，他们更愿意接受纯粹的横截面研究结果。）

12.2　不证自明的真理：民主问题

民主被定义为一种政府制度，在这种制度下，权力属于人民，由人民自由选举代表行使。

很少有人研究民主对幸福的影响。被引用最多的是两位经济学家——布鲁诺·弗雷（Bruno Frey）和阿洛伊斯·斯塔策（Alois Stutzer）的研究，他们调查了瑞士 26 个州（瑞士的行政区划）的幸福差异。在排除了许多其他可能造成各州幸福差异的原因之后，他们发现，在更民主的州，幸福感明显更高。

在他们的分析中，衡量民主的标准是发起提案或公投的可能性；在所需的签名数量和收集签名的时长等方面，各州的情况有所不同。发起全民公投的障碍较少的州——需要的签名较少，收集签名的时间较长——被认为更民主，结果也更幸福。但这篇论文并没有告诉我们，在这些公投障碍或多或少的州中，有多少居民真正利用了发起公投的机会，这可能会让我们更了解拥有这种特权对人们的意义。

就我在美国的个人经历而言，我有些难以接受这种说法——如果你生活在一个更容易进行全民公投的地方，幸福感会更强。当我搬到加利福尼亚州时，我并不知道在这里举行全民公投比在大多数州要简单得多。我是在选举时才发现这一点的，因为提前分发的选票当中包含了十多项倡议，涉及各种各样的问题，我对这些问题一无所知，需要相当长的时间才能了解情况。我并不觉得发现自己能够更轻易地发起公投会对我的幸福感有多大影响，而且我十分怀疑大多数加利福尼亚州人的感受会和其他州的人有多大的不同。在大多数情况下，发起公投似乎不会引起大多数人的兴趣或思考。（相比之下，在选举日之前充分了解这些倡议可能会引发焦虑，尽管这可能对幸福感的影响并不大。）

我之前提到过一项关于南非民主制度建立的时间序列研究，这个研究能够更好地体现民主对于幸福的影响（详见本书第7章）。该国于1994年4月举行了第一次民主选举。一个月后，进行了一项调查，包括了关于幸福感和生活满意度的问题。从这两项指标来看，当时黑人人口的幸福指数大幅上升。但是，正如负责这项调查的著名社会学家瓦莱丽·莫勒（Valerie Moller）观察到的那样："选举前的兴奋情绪是很短暂的。满意度水平会马上恢复到前政权时期的水平。"尽管南非民主制度的建立带来了短暂的幸福感飙升，但没有产生持久的影响。

我们都愿意相信民主能增加幸福。然而，在承认理想之余，还是让我们继续把证据放在第一位。在南非这个案例中，数据根本没有显示出民主和幸福之间存在相关性。这一结果与哈德利·坎特里尔的研究结果一致，即人们很少提到政治局势是幸福的源泉。当谈到决定幸福的因素时，眼前的个人问题显然超过了政府的治理类型。

在此之前，我们专门研究了政府政策，而非任何特定的政治制度，是否能够增加人们的幸福感（详见本书第7章和第8章）。我们发现，证据显示，具体的政策——尤其是就业和安全网政策——会带来更高的幸福水平。然而，我们也看到不同的政治制度都可以制定这些政策。因此，在北欧民主国家、东欧社会主义国家，甚至在威权主义的中东海湾国家，都实行了对幸福有积极影响的福利国家政策。在每一种情况下，影响幸福的不是政体的类型——无论是什么类型的制度，人们最关心的是关于经济状况、家庭环境和健康问题的政策。

简言之，这些证据显示，具体的政策使国民更加幸福，而不是治理的类型（令人遗憾）。

12.3　文化差异会影响幸福比较吗？

坎特里尔的调查结果还强调，无论文化差异如何，世界各地的人对幸福的关注基本相同。这绝不意味着各地的口味都是一样的。当人们决定一顿饭吃什么的时候，中国人和冰岛人最喜欢的菜品口味肯定是不同的。但在这两个国家，人们都会认为能吃饱是幸福的前提。

现在让我们回到中国和东欧这两个有着巨大文化差异的国家和地区，因为这种比较进一步阐明了不同文化在幸福决定因素方面的相似性。

在一些国家和东欧转型之初，经济结构调整及其带来的影响，包括可怕的失业率激增和社会安全网的瓦解，都产生了同样的结果：这些国家的公民产生了新的日常忧虑，调查显示生活满意度显著下降。随后，经济的逐步复苏和社会安全网的修补使生活满意度回升。尽管中国和东欧在语言、审美和信仰上存在差异，但相仿的发展经济和政策环境使两地人民的生活满意度都非常相似。中国和东欧的幸福调查结果类似，这体现了两地对于影响生活满意度的主要因素达成了共识。没有人会否定文化对幸福的影响；然而，世界各地的人们都把日常事务放在生活满意度来源的首位，而这些与家庭密切相关的问题在很大程度上超越了文化对幸福的影响。

12.4　公平与公正：环境、收入不平等和社会资本

一些国家的转型经验也能够回答课堂上的一些其他的问题。

首先是环境问题。我们都看到过一些国家被严重污染的空气笼罩着的照片。罪魁祸首是迅猛增长的煤炭生产和消费，中国在过去几十年里空气污染不断加剧，且 1990 年以来，中国的收入不平等趋势也在逐步上升。和许多学生一样，我们想当然会认为，在越发严重的环境污染和收入不平等的背景之下，幸福感一定也会持续下降。然而通过数据我们却发现，幸福感却呈现出了 U 形的趋势。显然，这些国家的时间序列证据并不支持环境和收入分配是幸福的主要决定因素这一观点。

哈佛大学社会学家罗伯特·帕特南（Robert D. Putnam）在 2000 年出版的《独自打保龄球》（Bowling Alone）一书中使"社会资本"一词广为人知。它指的是广泛的社会网络所带来的效益，这种社会网络包括了与朋友、邻居、教会、俱乐部、社群等人与组织的广泛人际关系。更牢固、更丰富的人际关系（与"独自打保龄球"相反）被认为能带来很多好处，比如加强对他人的信任，加强公民合作（不在福利或税收申报上舞弊），以及不认同例如试图贿赂公职人员这样的行为。在帕特南与加拿大经济学家约翰·海利威尔（John Helliwell）合著的一篇文章中，他发现

在加拿大和美国，生活满意度与信任、会员资格以及一些其他衡量社会资本的指标的横截面数据之间存在显著的正相关关系。

赶快加入，开心起来！

如果是这样就好了。以上能够让我们了解社会资本和生活满意度之间的关系是否能够持续。我们获取了从 1990 年以来一些国家和地区关于信任、公民合作和反对贿赂的数据。这些因素与幸福感的 U 形变化均无关联。比如说，对他人的信任，恰恰是在幸福感降至最低点的时候上升的——这显示了一种负相关关系。人与人之间的合作在 1990 年到 2002 年间几乎没有变化，而后随着生活满意度的提高而恶化——同样呈现了一种负相关关系。时间序列数据显示，社会资本与环境和收入不平等一样，并不是自陈幸福感的主要决定因素。然而，就业条件和社会安全网的衡量指标则与生活满意度同步波动。

12.5　玫瑰与余香：宗教、志愿服务与捐赠

在课程开始时大家提出的一连串问题当中，格雷琴的问题是关于信仰和利他主义的——这对我们所有人来说都很重要，所以让我们来讨论一下这个话题。

大量横截面研究表明，宗教信仰（通过参与宗教活动的频率来衡量）与幸福感之间存在正相关关系。无论人们的信仰是基督教，还是穆斯林、佛教、犹太教等，这种正相关关系普遍存在。数量有限的调查报告显示，表现出利他行为的人幸福感更强，这些人经常志愿从事慈善工作和捐款。例如，东德的一项研究发

现，经常参与志愿工作能够获得更多幸福感。美国的一项分析报告得出，为他人购买礼物和进行慈善捐赠的人幸福感更高。

如果这些研究是正确的，宗教信仰和利他行为着实可以增加人们的幸福感，那么从政策的角度来看，如何根据这一结论来采取行动仍然是个难题。我们应该劝说人们信仰宗教，帮助和关心他人吗？这类活动可能需要花费时间和金钱——对于那些还没有参与其中的人来说，这类活动所需的牺牲究竟是会增加还是减少幸福感尚未可知。事实上，有证据表明，那些花更多时间照顾近亲的人幸福感更低。

此外，有一些证据表明，利他主义带来的满足感不是特定行为的产物，而是人格特质的反映。心理学家汉娜·R. 金（Hannah R. King）及其同事对志愿服务的研究为这一效应提供了具体的证据。她首先在志愿服务和身心健康之间建立了一个积极的联系，这个结果与幸福研究表明志愿服务的积极影响是一致的。（在这里，我们可以把心理健康作为幸福的一个粗略指标。）然而，她随后在解释性分析中加入了我们之前谈到的五大人格特征（详见本书第 5 章）。结果是，志愿服务不再与心理健康有显著的关系，而预期的五大人格特征却有显著的关系。外向性与心理健康呈正相关，而神经质则与心理健康呈负相关，这与之前提到的与幸福感的关系相一致。用金的话说，"这些结果表明，志愿活动与健康结果的相关关系可能是因为志愿者的人格特征，而不是志愿活动本身。"

在我的课堂和本书中，我淡化了宗教、志愿活动和捐赠与幸福感的积极关系，因为人格起到了很大的作用，而人格是不容易改变的。当然性格总是会影响一个人的幸福水平。尽管如此，中国和东欧的研究强调，且不管公民个人的性格如何，解决日常问题的社会政策能够提高整体幸福感。

12.6 特殊事件

大家似乎忽略了一件事，那就是特殊事件对幸福感也可能产生影响。

根据对人们的生活产生的不同影响，这些特殊事件可以分为两类：一是像体育锦标赛和摇滚音乐会这样的短期大型节事，二是像飓风、地震和恐怖袭击这样的重大灾难。极少研究着眼于这些不同类型的事件对幸福感的影响，但仅有的少量研究能够给予我们很多启示。让我们来看一些颇具代表性的研究发现。

根据现有的证据，大型节事通常产生短期的影响，主要体现在反映大家每时每刻情绪的体验性测量结果中。当西班牙队赢得2000年世界杯冠军时[1]，该队的球迷们情绪高涨。但这种兴奋只持续了4天左右。在先前的淘汰赛中，德国队战胜了英格兰队，这让英格兰队的球迷普遍感到沮丧。然而，这种失望持续了不到4天。

灾难性事件则截然不同，会显著地影响反映人们总体生活满意度的评估性测量结果。大多数研究发现，在灾难发生时以及灾难发生后的一段时间内，幸福感会大幅下降，然后最终会恢复到

---

1. 西班牙夺冠实为 2010 年。

灾难前的水平，例如 2005 年 8 月 29 日袭击美国墨西哥湾沿岸的卡特里娜飓风对幸福感的影响。当时，超过 110 万名民众被疏散，场面堪比 20 世纪 30 年代的沙尘暴迁移。虽然风暴直接袭击了密西西比州海湾沿岸，但新奥尔良遭受到了尤为严重的破坏，由于堤坝决口，许多地区洪水泛滥，60% 以上的房屋被摧毁。

幸运的是，在新奥尔良的一项纵向调查中，从飓风发生前一年到飓风发生 1 年后和 4 年后分别对同一群人进行跟踪调查。调查发现，与飓风发生前的幸福感相比，飓风发生 1 年后人们的幸福感显著降低，但 4 年后却重新升高到了飓风前的水平。

尽管该样本由低收入的年轻母亲们组成，不能代表所有人，但得出的幸福轨迹和其他自然灾难中观察到的一样。当然，这种模式是所有调查对象的平均值。不足为奇的是，那些经历了失去家庭成员或失去家园的人承受着更持久的负面影响。对于许多被疏散到其他地方居住的人来说，目前还没有类似的纵向幸福感研究，但一项针对疏散到肯塔基州路易斯维尔的 101 名成年人的研究发现，飓风过后一年，大多数人都饱受抑郁和焦虑的折磨，这与新奥尔良的研究结果非常相似。

12.7 幸福测验的要义

在社会科学领域，关于幸福的研究比比皆是。但如果想要评估任一论点的价值，请大家问问自己以下几个问题：

1. 验证这一因素用到了哪些证据？是横截面证据吗？通常情况下是的，这就引出了一个问题：结论能否经得起时间的考验？

（参考关于"民主"的讨论）

2. 这一因素是否代表了一些更基本的东西，比如人格？如果是这样，我们能得出什么样的政策结论？（参考关于"志愿服务"的讨论）

3. 幸福的测量是评估性的（总体生活的幸福感）还是体验性的（过去一周的幸福感）？（参考关于"特殊事件"的讨论）如果是体验性的，是否存在或者是否应该推行某些政策？（持怀疑态度）

这并不意味着课上讨论的因素都不重要。请记住，我们关注的是至少 10% 的人提到的问题。当然，对有些人来说，志愿服务或减少空气污染可能对他们的幸福感很重要。我的观点是，并非所有人的幸福源泉都是一致的。我们主要关注的是那些对大多数人的幸福感来说最重要的事情。

要事为先！

第 13 章

究竟该相信谁?
心理学家还是经济学家?

13.1 阐释幸福

艾达是我们经济学课堂里少见的心理学专业的学生，她说："我觉得你对心理学不公平。你说的让人感觉经济学永远都是正确的。"

"非常抱歉，艾达，这绝对不是我的本意，这两门学科确实经常意见相左，但无论哪一门都不是永远正确的。有时经济学会获胜，有时心理学占上风；但往往两者任意一方都不绝对正确，而两者结合起来却能说得通。我给大家讲讲这两个研究领域之间的差异，一切就会更加明晰。不如让我们从这两门学科对幸福来源的看法说起。"

实际上，无论是经济学，还是心理学，都无法完全正确地阐释幸福的来源，但我们可以借助这两门学科的基本理论更好地理解幸福。当然，在这两门学科中，学者们认同的理论各不相同，莫衷一是，但总归两门学科都有各自的倾向。心理学的主流观点是定点理论（Set-point Theory），而经济学的主流观点则是"多多益善"（More is Better）。这两种理论导致学者们对于生活环境是否会长久影响幸福感这一问题持有不同的看法。心理学家们通常认为"不会"，而经济学家则认为"会"。

　　一般来说，心理学家认为，每个人都有一个稳定的幸福水平。这一水平被称为"定点"，反映了人们的性格，通常在出生时就被基因决定了。正如著名心理学家理查德·E.卢卡斯（Richard E. Lucas）所言，"存在幸福定点的这一假设已经指引了当前（心理学）的许多理论和研究"。根据这种观点，诸如失业或者找到新的工作，受伤或患病，改善健康状况、失去或找到伴侣等人生中的大事小事都会暂时使人的幸福感高于或低于定点，但在很短的时间内，人们会适应新的状态，人们的幸福感也会恢复到定点。现在，我们可以用方才探讨的理论来解释这个问题：心理学家认为，人们会根据生活中发生的事件，迅速且彻底地调整用于评估个人生活状态的参考水平。所以说，如果经历丧子之痛，人们的幸福感会骤降，但很快人们就会适应这种情况，从而相应调整自身衡量家庭状况的基准，幸福感就会恢复到原来的水平。

　　之前，我已经给大家介绍过这种观点如何被应用于健康和婚姻的探讨当中（详见本书第4章和第5章）。记得当时我提到了这个例子：在一项研究中，心理学研究人员认为，那些因事故导致截瘫的人会迅速适应新的生活，最终会和事故前一样幸福。而在另一项研究中，研究结果表明，婚姻会带来幸福感的上升，但随后双方很快就会习惯于新的生活，并恢复到结婚前的幸福水平。其实，一些支持定点理论的人甚至声称，生活环境在幸福理论中的作用可以忽略不计。实际上，他们断言，基因和性格就是真相，是这两者共同确立了人们一生的基本幸福水平。

从哲学层面上讲，未经修改的定点理论面临着与加尔文主义宿命论相同的伦理困境，根据这一理论，有些人一出生就被诅咒，没有获得救赎的机会。换句话说，强势的定点理论表现出一种决定论的观点，因为没有任何行动或调整可以使个人发生变化。在幸福研究中，未经修改的定点理论导致了虚无主义，因为公共政策或个人决定都无望改变主观幸福感。这意味着，任何旨在改善人们生活环境的政府措施，如加强医疗保健或扩大就业机会，都只会对幸福产生短暂的影响。在短时间内，每个人都会回到在出生时由基因决定的定点。同样的道理，如果定点理论是正确的，个体就几乎无法改善自身幸福感，因为它是在生命之初形成的。

与心理学家不同，经济学家坚信生活环境对于人们的福祉至关重要，并且认为收入是一个尤为重要的决定因素。他们对国内生产总值的长期关注就可以反映出他们对收入的重视。正如我们所知，经济学的主流观点是显性偏好理论，可以简称为"多多益善"——拥有得越多，就越幸福（详见本书第 11 章）。

这一理论意味着，增加收入可以改善福祉，而旨在增加整个社会收入——经济增长——的公共政策措施会带来更美好的生活。经济学家确实认识到，福祉取决于物质条件之外的各种因素，但他们通常假设，如果收入大幅增加，整体福祉，或社会福利，将朝着同样的方向发展。最初提出这一观点的是英国福利经济学家 A. C. 庇古（A. C. Pigou），大约在一个世纪前他就宣布，"有种明确的观点是：经济福利（即人均国内生产总值）的变化反映了社会福利在同一方向上的改变，即使程度并不相同"。

毋庸置疑，如果证据全部指向这两种方法，或两者之一，那么我们必然会欣然接受。那么，有什么证据可以证明这两种理论或是其中任意一种理论所具有的优点呢？我们已经得出了答案（详见本书第3章到第5章）。收入与幸福零相关（心理学获胜）；家庭环境和健康问题都与幸福有正相关关系（经济学获胜）。

两门学科平分秋色！

前文介绍的理论借鉴了两门学科的观点，调和了不同的结果。我们从简单的经济模型开始，根据该模型，收入增加会使人感到更幸福。再加上我们从心理学中吸纳的关于人们如何评判生活状况的观点，即通过某种内部的基准或参考水平来评判。参考水平又取决于人际比较和自我比较。就收入而言，人际比较会主导人们评估自身处境的参考水平。随着经济增长，参考收入水平的相应增长会削弱个人收入增长对幸福感所产生的积极影响。因为其他人的收入也在增加。最终的结果是：幸福感没有改变。对于家庭环境和健康问题来说，自我比较成为主要的参考水平，而且这一水平相当稳定。

因此，家庭环境和健康问题的改善能够提升幸福感。与收入不同的是，生活环境在这些方面的改善并不会被参考水平的相应变化所抵消。因此，在简单的经济模型中加入心理学的基准或参考水平的概念，就会产生一种理论，能够解释收入同健康和家庭状况对于幸福感的不同影响。

这两种学科本身都不能讲述完整的故事，但是两者结合可以做到。

13.2 人之所言

人们说的话可信吗？在经济学中，主观证言——人们的意见、信仰、态度和感觉——长期以来一直受到质疑。在学科研究中，这些素材怎么能构成有效证据？更不用说主观幸福感数据，许多经济学家都对此持怀疑态度。

然而对于心理学家来说，主观证词没有任何问题。他们正是以倾听他人所言为生。不过我们应该都知道，经济学家历来不接受调查研究所获取的个人观点，他们认为只有行为才能作为有效证据（详见本书第 15 章）。在过去的几十年里，这样的立场有所改变，经济学研究逐渐开始使用民意调查结果。尽管如此，经济学家们依然将调查数据作为次级证据——相对于收入和教育等客观"硬"数据的"软"数据。行为经济学的创始人之一——诺贝尔经济学奖得主理查德·塞勒（Richard Thaler）明确批评了这种态度。他在 2015 年写道，甚至"直到今天，在经济学界很少在提到'调查证据'的时候不加上'仅仅'这个形容词"，话中有话，暗含讥讽。借用另一位诺贝尔经济学奖获得者乔治·阿克尔洛夫（George Akerlof）的话说，"这些'硬度警察'反对软性数据，认为软性数据都是无效证据"。

经济学会向主观证言关上大门实在令人难以置信，因为人们的感受决定了他们的行为，而感受只有通过主观才能得知。人类毕竟是一种高级物种，人们的行为无法轻易与思想和感受分开。人们的收入在绝对数值上可以有大小，但是人们对此的感受——是否对数额感到满意——才是理解人们的情绪和行为的关键。在拒绝或贬低主观证词时，经济学一直在忽视能够为人们的行为提供宝贵见解的证据。显然，当涉及对主观证词有效性的开放性认知时，心理学赢了。

13.3　审视幸福，测量幸福

在评估幸福测量方式时，心理学也处于领先地位。心理学家能够通过测试主观幸福感的可靠性（短期内的一致性）和有效性（真实性）来验证幸福测量是否有意义。由于我们在一开始就奠定了这一基础（详见本书第 2 章），所以就不赘述了。然而，这确实是心理学的一个重大贡献，它鼓励人们接受幸福测量，甚至也带动了经济学领域。

大家应该记得评估性和体验性这两类测量方法。评估性测量，也就是我们现在所采用的方法，是对受访者生活状态的总体评估，而体验性测量反映了受访者在调查时或调查前不久的瞬时情绪。

心理学和经济学都会采用这两种方法，但在这两者之间，经济学家更偏向评估性的测量方法，而心理学家则偏好体验性的测量方法，两份与幸福有关的重要报告阐明了这一基本差异。一份是 2009 年经济表现和社会进步委员会发布的报告（也被称为《斯蒂格利茨·森·菲图西报告》[1]），主要由经济学家撰写；另一份是 2013 年美国国家科学研究委员会发布的《主观幸福感：测量

---

1. 由斯蒂格利茨 – 森 – 菲图西委员会发布：是前法国总统萨科齐于 2008 年设立。

幸福、痛苦和其他体验》，主要由心理学家撰写。这两份报告反映了大西洋两岸在幸福研究方法上的分歧。欧洲的幸福研究大多采用评估性测量，而美国的幸福研究偏向体验性测量。因此，两份报告几乎没有重合之处。《斯蒂格利茨·森·菲图西报告》对于幸福的研究主要关注幸福的评估性指标。而心理学家的报告直接忽略了这些指标，反而着眼于体验性的幸福指标。

测量方法的选择至关重要，因为它决定了结果。采用不同的方法得到的结果截然不同，有时甚至完全相反。我给大家举两个例子来进一步说明这个问题。第一个例子是根据《2012年世界幸福报告》中公布的盖洛普世界民意调查的数据，我们来比较一下丹麦和卢旺达在评估性指标和体验性指标中的排名。评估性指标将人们的生活视为一个整体，在这一指标的排名中，丹麦在一百五十个国家中位列榜首，而卢旺达则几乎垫底。体验性指标询问的是人们昨日的幸福感，结果则完全不同。这两个国家的得分相同，在150个国家中排名第100位左右。

基于我们对幸福主要来源的讨论，这两个国家在评估性问题上的差异不难理解，因为这一差异反映的是政府在多大程度上解决了人们对于个人幸福的担忧。如丹麦早在19世纪就率先采取了福利措施，是一个福利完善的国家。而与之相反，卢旺达是一个新兴国家，只能够提供最低保障。然而两国关于昨日幸福感的回答却几乎相同，想要找出导致这一结果的原因要难得多。也许是相同的天气产生了相似的情绪？也许丹麦人和卢旺达人之间有基因或人格上的相似之处，能够解释回答的相似性？没有人知道真正的答案。两国针对评估性问题的回答存在差异是有理可依的，但对于体验性问题的回答却并非如此。

第二个例子是关于应对失业问题的不同方式，也能够说明评估性和体验性测量方式会带来不同结果。《斯蒂格利茨·森·菲图西报告》指出，"所有关于主观幸福感的研究一致认同失业会导致高昂的人力成本"。该报告详细说明了失业对评估性幸福感的影响，同时强调了就业扶持政策的必要性。这与我们先前的结论一致，在从社会主义向资本主义转型的国家中，大规模失业对幸福感会产生破坏性影响（详见本书第 7 章和第 8 章）。

然而，心理学家的报告中关于公共政策的章节篇幅长达 15 页，却仅在末尾处用 11 行文字探讨了失业问题。坦率地说，这一章的大部分内容并不是关于政策的，而是关于寻找一种更好的幸福测量指标。在其他章节中，该报告将失业的重要性降到最低，认为"即使失业率像经济大衰退时期那样大幅上升，可能'对幸福的'影响也不大"。

"听起来，在这两种测量方法之间，你似乎觉得评估性的测量方法更好？"一直沉默不语的艾达突然说道。

好吧，如果我们想知道如何增加人们的幸福感，经济学家所青睐的评估性测量方法提供了一个答案：通过就业保障和安全网政策改善人们的生活环境。与之相反，心理学家采用的体验性幸福测量并没有得出这样的实际结论，而且其政策含义（如果有的话）也不明确。心理学家通常把人格这一固定的特征作为幸福分析的重心，而且采用对瞬时情绪的体验性测量来进行分析，并没有给提升幸福感的干预措施留有余地。

最终，对于改善福祉的个人决策及公共政策，这两种测量方法所给出的方法大相径庭。了解生活环境如何影响幸福能够在两个层面提供借鉴：在个体层面，能够帮助人们在生活中做出重大决定，比如在挣更多的钱和花更多的时间陪伴家人之间做出选择；在政策层面，则能帮助政府在促进经济增长的政策和维持充分就业的政策之间做出选择。那么对比而言，与人格相关的体验性指标又怎能告诉我们怎样提高幸福感呢？

"但是心理学家两种方法都采用了啊，"艾达坚持说，"评估性的以及体验性的都涉及了。"

是的，确实都采用了。但是两种学科采用了不同类型的评估性指标，它们之间存在很多差异。经济学家通常采用单项测量方法，而心理学家则通常采用多项的评估性测量方法。

"这意味着什么呢？"艾达问道。

大家应该能够猜到，单项测量指的是对单一问题的回答，而多项测量则是针对一组表述或者问题的回答。

经济学家倾向于采用单项测量，因为阐释起来很简单：只需要问人们"考虑到所有的因素，你有多幸福"，就可以了。你得到的回答也会非常简单明了。心理学家更喜欢多项测量，因为这种方法能够引导人们对一连串的表述或者问题做出反应。他们其实觉得"鸟枪法"（霰弹打鸟，无论哪一粒弹粒击中目标，都能把鸟打下来。）更能达到幸福研究的目的。然而，多项测量囿于其模糊性，因为其中的每一句话都不可避免地与前一句话或后一句话具有不同的含义。

迪纳的生活满意度量表是心理学中著名的幸福测量方法，能够说明多项测量的模糊性。首先，我们来看一下迪纳的生活满意度度量表（表 13.1）。

表 13.1　迪纳的生活满意度度量表（课程讲义八）

以下有五种说法，你可以选择同意或不同意。请用 1—7 来表示你对各项的同意程度，1 代表非常不同意，2 代表不同意，3 代表略为不同意，4 代表中立，5 代表略为同意，6 代表同意，7 代表非常同意。
1. 大多数情况下，我的生活接近理想状态。 2. 我的生活状态非常好。 3. 我对自己的生活感到满意。
4. 迄今为止，我已经得到了我在生活中想要得到的最重要的东西。 5. 如果生活可以重来，我几乎什么都不想改变。

现在，让我们来进行另一个思想实验。

想象一位 65 岁的成功女商人，最近被诊断身患重病，且已经病入膏肓，卧床不起。在面对迪纳量表中的问题时，她会怎样回答？只考虑表中的两个问题，在回答问题 2（"我的生活状态非常好"）时，她很可能并不认同，会因为自己的身体每况愈下，选择 1 至 7 中相对较低的数值。但是，在回答问题 5（"如果生活可以重来，我几乎什么都不想改变"）时，她可能会认同这一观点，出于自己事业有成而选择一个相对较高的数值。

为什么她的回答会有如此大的差异？因为这两句话有不同的时间框架。问题 2 是现在时的，询问的是她对现状的满意程度，而问题 5 是过去时的，询问的是她对自己生命历程的感受。可以预见的是，她对自己目前的状况很不满意，但对早年的生活非常满意。当以取平均值或者以其他方式综合考虑来得到一个多项测量结果时，这两项回答就会相互抵消，从而产生了一个居于同意和不同意之间的模糊值。因此，测量结果并不能反映这位女商人对自己的现状和生活经历的满意程度。

相比之下，假设她需要回答的是经济学研究中常用的关于生活满意度的单项问题（详见本书第2章）："综合考虑所有因素，你对自己目前的生活有多满意？"鉴于她的健康状况不佳，她的回答无疑会是0到10级中较低的水平。这个答案能够明确地表明她当下的感受，也就是说，她对现在的生活有多满意。同样，像迪纳量表的问题5这样的单项问题能够得出她对自己过去生活的评价。

由于多项目测量的模糊性，似乎在测量方法这个问题上，经济学占了上风。

"好吧，"艾达无可奈何地说，"我想经济学赢了。"

在测量幸福的时候，也许确实如此。但我们不能忘记心理学在我们审视幸福的内涵时所起的重要作用。

在审视幸福的时候，心理学赢了！

13.4 不同方法：或多或少

"我想问一下，这可能是一个愚蠢的问题，"南希·安质疑道，"我是电影和戏剧专业的，所以我不知道你们是如何设计这些幸福研究的。"

南希·安提出的是关于方法的问题——这可从来不是一个愚蠢的问题！这个问题非常好，这与心理学和经济学在结果上的差异有很大关联。

几个世纪以来，关于幸福的结论并不是基于证据，而是基于美好生活的先验概念。随着幸福研究进入社会科学领域，基于证据获得结论已经成为一种惯例。是的，证据绝对是有益的，因为它提供了一个标准，为人们的共识或争议提供了实质性基础。证据非常必要！但是，什么是有效证据呢？心理学和经济学中有效证据的概念截然不同。

这两个学科都试图从人口样本的数据中获得实证结果。经济学家在他们的研究中通常使用具有全国代表性的样本。本书中的结论大多基于这样的样本。这种方法暗含着以下思路。如果我们想要推断出关于幸福的有用经验，我们需要在复制整个国家人口特征的样本基础上进行研究。这种具有代表性的样本与国家人口的性别、年龄、种族、教育、收入等构成相匹配。令人惊讶的是，样本量可以小到只有 1 000 人，有时甚至更少，但仍然能够准确地反映整体人口的特征。

在心理学中，具有全国代表性的样本仅仅是有效证据的一小部分。常见的方法可以参考心理学家蒂姆·凯斯（Tim Kasser）在他的书《唯物主义的高昂代价》（2002 年）中所采用的方法。凯斯在书中的发现主要基于美国大学生的样本，用他的话来说，这些大学生"是心理学许多科学研究的支柱，仅次于小白鼠"。其实，这些样本甚至不能代表美国大学生整体，因为受访者所在的大学往往是炙手可热的研究型大学，这导致教育、阶级和其他因素可能会使结果产生偏差。更重要的是，这些样本甚至也不能代表研究型大学的学生，因为这些学生自主选择了进入研究者的心理学课程。

"不好意思，"南希·安打断了我的话，"伊斯特林教授，但是在我们之前的一些讨论中，你使用了逸闻趣事作为案例。"

的确，我有时引用了自己学生的一些个人案例，但只是想用贴近生活的方式来给大家解释那些基于更广泛的具有全国代表性的样本所得出的结论。

现在轮到我向全班同学提问了。

"我想问大家一个关于方法论的问题。假设莉莉想要知道幸福感是否会随着时间而改变。她找到了 2000 年进行的一项调查，将样本按照 5 年一组分类，并将 20—24 岁至 70—74 岁的几个年龄组的平均幸福感进行排列。她指出，年龄最大的年龄组明显比年龄最小的年龄组更幸福。那么，她能否从这个时间点的比较中推断出，随着年龄的增长，人们在 70 岁出头时往往比 20 岁出头时更幸福？"

"我知道！"艾玛脱口而出，"她不能，因为他们是不同的人。70—74 岁的人与 20—24 岁的人并不是同一群人。如果想知道人们的幸福感在生命周期中如何变化，就需要研究同一个人在不同年龄段的幸福感。在你的问题中，莉莉使用的是横截面数据，每个年龄组的成员都是不同的！"

完全正确，艾玛。2000 年 20—24 岁的人生于 1976 年至 1980 年；70—74 岁的人生于 1926 年至 1930 年。所以，他们出生在不同的年代，生命历程也完全不同。举个例子，如果我们比较这两组人在 20 多岁时的生活，年轻的一组人已婚的概率要比年长的一组人小得多。这种婚姻状况的差异本身就会使 20—24 岁的年轻人不那么幸福。当然，如果仅仅基于横截面数据就认为目前 20—24 岁年龄组的幸福感就能反映老一辈人在这个年龄段时的幸福感，那也是错误的。简言之，将目前年龄在 20—24 岁和 70—74 岁的人联系在一起，并不能让我们正确了解这两个群组的生命周期幸福感。

不幸的是，在心理学中，这样的横截面研究非常普遍，只有少数例外。有一种说法是，心理学家在大多数情况下都采用时间点的结果来判断变量的解释力。例如，在横截面分析中，人格以及与人格相关的变量（如宗教），在解释个体之间的幸福差异时，往往会比生活环境（如收入情况或健康状况）发挥更大的作用。由于这种横截面结果，心理学家很容易倾向于定点理论，忽视生活环境作为幸福决定因素的重要性。但随着时间的推移，人格变量变化很小，而生活环境却变化很大；因此，幸福的生命历程主要是由生活环境塑造的（详见本书第 10 章）。正如我们多次看到的那样，在探索幸福随着时间发生的变化时，时间点数据可能会误导我们，这就是一个很好的例子。

总体而言，经济学家对横截面研究和时间序列研究之间的差异更为敏感。他们通常会明确地区分这两种研究，并开展更多时间序列研究。然而，他们也不可避免会基于横截面结果预测时间序列的变化，我们在下一节课讨论阈值概念时就会遇到这样的情况。

艾达总结道，"经济学并不总是正确的，但你确实在样本选择和时间框架等方面提出了一些不错的观点。似乎经济学正在取得一些更好的结果。"

"至少，"她笑着说，"在幸福研究当中。"

13.5　有赢家吗？

没有，答案当然是否定的。经济学在方法论方面具有优势，但并不一直占据上风。例如，经济学在检验幸福测量的可靠性和有效性方面仍然极为欠缺。心理学无疑更加关注人们的言论，并且认识到了内在基准对于个人判断的重要性。说实话，最终在阐释幸福的时候，这两门学科的贡献都是必不可少的。问题并不在于经济学和心理学谁是赢家。

幸福是一个跨学科的课题。

第 14 章

批判幸福—收入悖论

14.1 非常贫穷的国家呢?

"我在其他地方看到过,幸福—收入悖论好像有门槛,"拉里皱着眉头说,"人均国内生产总值得超过某种最低水平才适用,而在大多数民众都很贫穷的国家,钱越多人们就会更幸福。我觉得这种观点很有道理,而且证据充分。"

提得很好,这种观点非常普遍,而且也得到了一些幸福学者的支持。倡导经济增长的人尤为认同这种观点。当他们找到这个门槛,一旦达不到门槛,悖论似乎就不适用,他们就会说:"看!当收入较低时,经济增长确实能提高人们的幸福感。这个悖论只适用于收入足够高的国家。只有在富裕的国家,经济增长才会对幸福感没有影响。"

但是,这种观点是错误的。幸福—收入悖论在所有国家都成立——发达国家、欠发达国家以及介于两者之间的国家。当然,正如拉里所说,"门槛理论"得到了数据的支持——但我想现在,你们所有人都能想得到这种存在争议的结果是如何得出的。猜猜看!没错,这又是一个横截面证据的例子。人们再次将横截面证据作为数据支撑，导致得出了错误的结论。

如果把世界各国在某一特定时间点的幸福水平和人均国内生产总值的统计数据绘制出来，拟合曲线如图 14.1、图 14.2 和图 14.3 所示。我们会发现什么？当收入较低时，收入越高对应的幸福水平也就越高。然而，当收入达到相对较高的水平时，幸福水平就不再上升了。这幅图表明，只有当一个国家的人均国内生产总值达到相当高的水平（即门槛）时，悖论才会成立，为幸福悖论的门槛这一概念提供了依据。一旦达到了门槛，幸福水平就不会随着收入的增加而进一步提升。与国际比较的结果相一致，国家内部民众的横截面数据也呈现出了与图 14.1 相似的趋势。根据最近美国的统计数据，这一门槛实际上被设定为年收入 7.5 万美元。

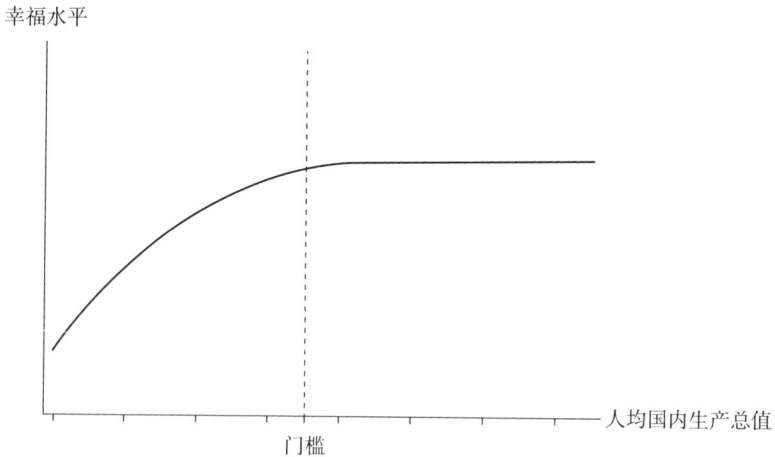

图 14.1　世界各国幸福水平与实际人均国内生产总值横截面数据的
拟合回归曲线（课程讲义九）

在低收入国家（门槛左侧）中，人均国内生产总值较高的国家往往更幸福；在高收入国家（门槛右侧），随着人均国内生产总值的增加，幸福感几乎没有差异。那么，根据门槛理论，在一个收入随着时间增长的低收入国家，幸福水平应当沿着曲线上升。但这种情况真的发生了吗？横截面证据是否反映了低收入国家真实的历史经验？现在，你们都知道我将要去哪儿寻找答案了（拉里摇了摇头）。

"是的，我们知道！"

我们来看一看以下两个国家的时间序列数据。曾经，这两个国家的收入水平都非常低，但近年来的人均国内生产总值增长率却达到了世界最高水平或接近最高水平。第一个国家是日本，图14.2是日本从1958年至1987年的变化。1958年，日本的人均收入大约只有1987年美国人均收入的八分之一；到1987年，这一比例达到了三分之二。在这段时期，日本从一开始几乎没有人拥有电动洗衣机或冰箱，发展到最后几乎人人都拥有这些电器。在同一时期，汽车拥有率从1%飙升至60%。第二个国家是印度，图14.3是印度从1995年到2019年四分之一个世纪以来的变化。在此期间，实际人均国内生产总值翻了四倍多；而在之前的半个世纪里，实际人均国内生产总值甚至未能翻倍。诚然，印度的近期数据并不一定可靠，但毋庸置疑的是，1995年以后，印度的经济增长率在显著加快。

如果有哪个国家像图14.1所预测的那样，在经济增长达到门槛之前实现了幸福水平的提升，那么就应该是这两个国家了。

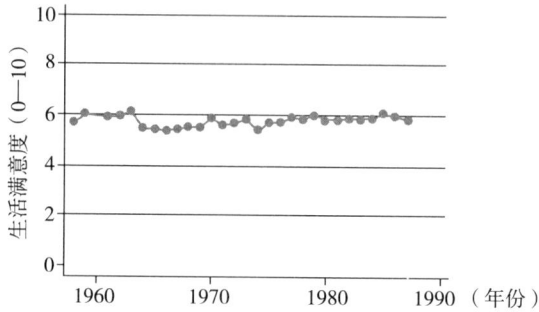

图 14.2　日本经济快速增长时期的幸福指数（1958—1987 年）

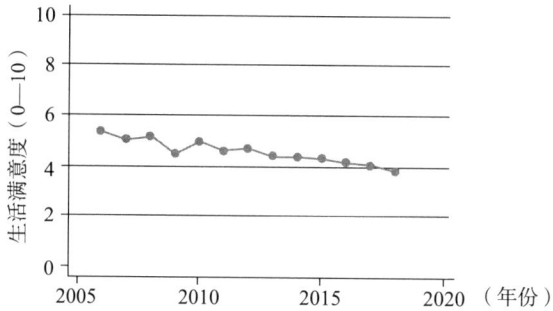

图 14.3　印度经济快速增长时期的幸福指数（2016—2018 年）

那么，这两个国家的幸福水平是否遵循了图 14.1 中的上升趋势呢？实际上，在印度，幸福水平呈下降趋势。需要注意的是，在任何一个国家都没有门槛的迹象。和大多数情况一样，横截面数据不能预测时间序列结果。

殊途同归，还是同样的教训。

日本的量表取值实为 1—4，但为了便于比较，我们将其转换为 0—10。印度采用的是坎特里尔阶梯数据。[1]

----

1. 数据来源：日本——世界幸福数据库；印度——盖洛普世界民意调查。

与截面数据相反，时间序列证据表明，幸福—收入悖论在低收入国家和高收入国家都成立。即使收入上升趋势极为迅猛，也并不总是伴随着幸福水平的提升，就像这三个曾经很贫穷的国家一样。数据告诉了我们这个无可辩驳的道理：经济增长本身并不能增加幸福感。社会比较无处不在。即使是在低收入国家，社会比较也会削弱高收入对幸福感的积极影响——这在日本和印度的调查中得到了验证。随着收入的全面提升，即使收入是从非常低的水平开始增长，人们对美好生活的理解也在不断变化。其结果是：尽管人们的物质条件大大改善，但幸福感却没有得到提升。

生活满意度的标准不知不觉发生了巨大改变。在媒体上，社会比较的迹象无处不在。翻看旧新闻，人们会看到这些内容：

据 2006 年 9 月 22 日《纽约时报》报道，"在一些国家，富二代不再为了生存苦苦挣扎，而是参加各种课程"：

"……除了广受欢迎的高尔夫球初级训练班外，有钱的家长们还为孩子报名参加各种各样的课程，从芭蕾、音乐家教课，到骑马、滑冰、滑雪，甚至马球课。"

据 2013 年 8 月 27 日《奥兰治县纪事报》报道，"一些国家的国际学校代表的是一种生活方式"：

"北京以北一个小时的车程……坐落着一个高档社区……一个有 143 个单元的住宅开发项目，其设计与遥远的南加利福尼亚州社区相似…… [开发商] 张博说：'美国人可能会把奥兰治县当成一个地方……但在这些国家，人们觉得奥兰治县是个品牌，有点像乔治·阿玛尼（Giorgio Armani）。这是一种全新的生活方式。很新颖。代表着某种进步，生活改善和兴奋的状态。"

据 2010 年 3 月 19 日《纽约时报》报道，"对印度新富农民来说，豪华轿车是远远不够的"：

"每个人都想比别人更牛，苏哈什·戈亚尔（Subhash Goyal）说，他的旅游公司每年会承办三场到四场直升机婚礼……这就是新富们的表现。他们想要出风头，想告诉所有人'我比你有钱'。"

随着收入的普遍提高，即使是从非常低的水平开始增长，人们对美好生活的认知也发生了改变：现在大家应该都知道了——他们的收入参考水平提高了。他们得到了更多，但也想要更多。这样一来，尽管人们的物质条件已经大大改善了，幸福感却并没有提升。就收入而言，塞缪尔·约翰逊（Samuel Johnson）在两个多世纪前一针见血地写道："生活是需求不断的过程，而非享乐不断的过程。"

14.2　为什么富裕的国家更幸福？

拉里还是没有被说服，他指着图 14.1 问道："如果不是因为经济增长，高收入国家为何比低收入国家更幸福呢？对我来说，这张图显示，提高贫穷国家的收入水平就能够增加人们的幸福感。难道不是这样吗？"

非常棒的问题，拉里。能够有这样的思考极其难得。你所提出的论点-——高收入国家的幸福感更高证明了经济增长提高了幸福感——同样也是由两位出类拔萃的诺贝尔经济学奖得主提出的。

但让我们记住逻辑分析的一个基本原则：相关性并不意味着因果关系。你的假设是：收入和幸福的横截面数据之间存在正相关关系，这意味着收入与幸福之间必然存在因果关系。但这忽略了其他因素在起作用的可能性。

"比如呢？"拉里问道。

"我知道！"艾达说，"比如福利国家。"

是的，艾达，我们已经得出了这个问题的答案——幸福感随着国家福利项目的范围和慷慨程度而增加（详见本书第8章）。这些政府政策和项目是富裕国家拥有更高幸福感的原因。

拉里看起来并不信服。

好吧，让我再找一些证据来证明。来，我们继续讲。大约40个经合组织成员国的横截面研究显示，拥有更强安全网政策的国家幸福感更高。例如，在其他条件不变的情况下，失业津贴与工资的比例更高的国家的幸福感要高于该比例较低的国家。拉丁美洲国家的数据再次显示，社会援助项目，如向贫困人口提供现金援助，与幸福感呈正相关关系。

你们熟悉的凯尔西·J.奥康纳（图10.2），已经将这种分析扩展到世界各国。他在超过100个国家的数据中发现，幸福和福利国家政策之间存在着横截面的正相关关系。当他将这些国家再细分为发达国家、转型国家和发展中国家时，每一类中都出现了这样的正相关关系。

近期的时间序列数据也显示出安全网政策与幸福感之间的正相关关系。在大多数拉丁美洲国家，从世纪之交之前的20年到之后的20年，幸福感均有显著增加。在越来越多的国家，政府的政策重心转为创造就业和建立社会安全网，这种转型提升了人们的幸福感。在20世纪80年代和90年代，所谓的"华盛顿共识"（Washington Consensus）是一套强调财政纪律（避免政府预算赤字）和向其他国家偿还债务的政策，让拉美国家备受煎熬。失业率居高不下，社会支出非常低。而后，在21世纪初，向福利导向型政府的转型席卷了拉丁美洲的大部分地区。幸福感显著增加，特别是在那些失业率最低、社会支出最高的国家。相比之下，各国经济增长率（以人均国内生产总值为指标）的差异与幸福的变化趋势并不相关。正是政策转向就业和安全网，才起到了作用。

一些分析家认为，幸福—收入悖论意味着公共政策对低收入国家的帮助微乎其微。这种观点是错误的。幸福—收入悖论告诉我们，经济增长本身不会让人们更幸福，但社会政策可以。与其把重点放在提高国内生产总值上，不如放在就业和社会安全网上。最好的例子莫过于20世纪90年代一些国家的情况（详见本书第7章）。尽管人均国内生产总值大幅增长，但随着就业率下降和社会安全网的瓦解，幸福感也逐渐下降了。一旦政府改变了这些政策，幸福感就会上升。

"但是你看，教授，"莉莉替拉里辩驳道，"福利政策最好的国家是那些更富裕的国家。这表明高收入对于国家实行安全网政策来说是必要的，对吗？因此，经济增长的观点可能是对的。只是增加了一个因果关系，在关系链中再加上'福利国家政策'。不是'经济增长带来更大的幸福感'，而是'经济增长带来福利国家政策，福利国家政策带来更大的幸福'。经济增长确实是幸福感的主要来源。"

推理得很好，莉莉。但我想问你这个问题：如果福利国家政策仅仅是经济增长的正常产物，那么时间序列统计数据难道不应该表明，当收入增长时，所有国家的幸福感都在增加，而且收入增长得越多，幸福感增加得也就越多吗？然而，时间序列证据却表明，幸福感提升和经济增长并不总是同时发生。

此外，福利国家政策可以在人均国内生产总值较低的情况下实施，即使经济增长得很少或没有增长。正如我们所知，虽然福利国家哥斯达黎加的人均国内生产总值只有美国的四分之一，但仍是世界上最幸福的国家之一（详见本书第8章）。

当然，一般来说，富裕的国家有最先进的社会福利政策。但是我想再次提醒大家，相关性并不意味着因果关系。事实上，这些国家的财富来源和幸福来源各不相同。高收入国家之所以富裕，是因为它们率先采用了工业革命带来的新技术，这本身就是自然科学突破性进展的产物。高收入国家之所以幸福，是因为它们是发展社会科学知识从而制定福利国家政策的先驱。因此，在某一特定时间点，同一国家的人均收入和福利政策水平通常都很高。但两者之间并没有因果关系。这些国家最先从两个新兴的科学知识领域中获益——一个是自然科学，它是现代经济增长的基

础；另一个是社会科学，它是促进人类福祉的政策基础。（本书第
16 章会讲到关于这方面的更多信息。）图中并没有显示出收入和幸
福之间的因果关系，仅显示出，无论在先进的国家还是在落后的
国家，现代经济增长的状况和福利国家政策的推行并无不同。

简言之，富裕国家更幸福是因为他们的就业和安全网政策，
而不是因为经济增长。经济增长不是这些政策的先决条件，政府
可以在收入水平相对较低的情况下推行这些政策。高收入国家既
富裕又幸福，因为它们在不同的科学知识领域都是先行者，这些
科学知识带来了更多物质财富，也带来了更有效的福利国家政策。

14.3 时间序列有多长？

"我刚刚搜索了一下'伊斯特林悖论——批评'，发现了一篇
叫作《揭穿伊斯特林悖论》的文章，"吉尔说，"天哪，写得太犀
利了。你看过吗？"

是啊，我看过。确实是迄今为止对这个悖论最尖锐的批评。
我一直在肯定时间序列研究的价值，而他们发现了什么？他们发
现时间序列结果和我的研究结果并不一致。

那么问题来了："为什么有一些时间序列研究显示收入和幸
福之间存在正相关关系，而不是悖论中的零相关关系？"其实，
这是因为这些研究当中的时间序列并不够长。简单地说，他们分
析的时间序列太短了，根本无法体现长期趋势。时间序列太短导
致幸福和收入的时间序列数据同步波动，因此反映出幸福和收入
之间在短期内呈正相关关系。相比之下，幸福—收入悖论所指的

则是幸福和收入长期趋势之间的关系，而这种关系为零。

回到之前的讨论，我们做了幸福和收入的短期和长期的时间序列关系的区分。还记得我们第三节课提到的这幅图吗？（图14.4）在短期内，两者同步波动，但长期趋势却没有任何关系。短期波动体现出两者的正相关关系，而长期趋势则是零相关。在短期内，幸福和收入一起上升和下降（实线），但从长期来看，幸福感的趋势与收入的趋势并不一致（虚线）。

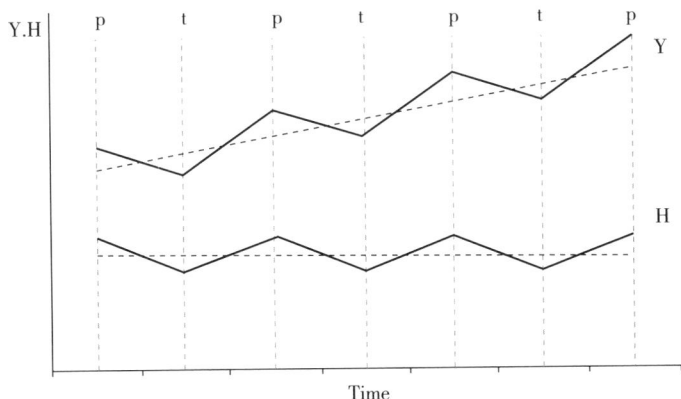

图 14.4　幸福感和收入的短期波动和长期趋势图

显然，为了检验这个悖论，我们需要了解幸福和收入的变化趋势，而为了实现这一目标，每个国家的时间序列数据都要尽可能地长。如果时间序列很短，可能就会得到一个反映短期波动的结果。吉尔在笔记本电脑上打开的这篇质疑幸福—收入悖论的论文采用了两组调查数据：世界价值观调查（WVS）和欧洲晴雨表（Eurobarometer）。在处理两组数据的过程中，作者都大大缩短了他们所分析的时间序列，以至于由于两个序列在短期内同步波动，最终结果呈现正相关关系。

作者分析了世界价值观调查在 20 世纪 90 年代初和末分别进行的第 2 次和第 4 次调查的数据。令人费解的是，调查员并没有采纳第 5 次调查的数据，尽管这些数据在文章发表 4 年前就已经公布了。如果把第 5 次的数据也算在内，他们所研究的这个时间序列的长度就会增加 5 年至 7 年。因为没有包括第 5 次的数据，它们最终得到的时间序列只有大概十年，甚至不到十年。在这种情况下，短期波动影响了统计结果，使得收入与幸福呈正相关关系。

他们对欧洲晴雨表的分析也是如此。欧洲晴雨表这项调查始于 20 世纪 70 年代初，每半年进行一次，调查对象大约有九个欧洲国家。随着时间的推移，这项调查涵盖的国家越来越多。尽管一些国家的数据跨度长达 30 年及以上，但这篇文章的作者将所有国家的时间序列数据细分为 10 年段。和排除世界价值观调查的第 5 次数据一样，结果就是时间序列更短了，反映了短期的正相关关系（尽管在这种情况下，这一结果甚至没有统计学意义）。

在他们处理世界价值观调查和欧洲晴雨表的数据时，做出了错误的决定，缩短了时间序列，并以结论为幸福和国内生产总值短期波动的正相关关系结束。他们误解了这个悖论！为了验证悖论，时间序列的长度显然需要超过 10 年。

但需要多少年的数据才能确定长期趋势呢？曾经有一段时间，我以为自己可以大胆地给出答案，但那是很久以前的事了。让我改变主意的是许多转型期国家的幸福数据。

正如之前所讲，从社会主义转型为资本主义会导致一开始急剧的经济崩溃和随后经济的缓慢复苏（详见本书第 7 章）。幸福趋势也是如此；事实上，即使现在——进入21世纪后20年——转型国家的幸福水平可能仍低于转型前5年到10年的水平。

不幸的是，许多转型国家的幸福数据是在经济崩溃后才开始收集的。因此，这些国家只有经济复苏时期的幸福统计数据与国内生产总值数据，在一些国家，这段时期大约持续了20年，或者更长时间。如果我们画出这些国家的幸福感和国内生产总值时间序列数据的趋势图，就会发现在漫长的经济复苏期，幸福和收入短期呈正相关关系，而不是像俄罗斯这样幸福数据可以追溯到经济崩溃前的国家所证明的零相关关系。因此，正如若干转型国家的数据所表明的那样，即使时间序列长达20年可能也不足以确定长期趋势。

"是的，但我想回到我搜索到的那条评论。伊斯特林教授，他是这么写的——说你所做的是'统计数据的大杂烩'。这太刻薄了，不是吗？"

当然，吉尔。首先，我希望任何真正感兴趣的人都能先看看我的原文。我通常把我的个人感受置于讨论之外（但我可以看到，许多学生不安地坐在座位的边缘，有些人对未来成为学者的选择开始犹豫了）。所以……是的，当然。即使作为一名社会科学家，也会觉得这种言论令人苦恼。在学术讨论中，分析家用贬损的言辞来代替理性探讨是让人感到非常遗憾的。在追求知识的过程中，总是有来有往——这就是进步的过程。但不能用不礼貌的方式，而且也有很多方法来避免这样的问题。

有一种更好的学术辩论方式，大约6个世纪前，莱昂纳多·布鲁尼（Leonardo Bruni）在给托马斯·坎比亚托雷（Tomas

Cambiatore）的信中意味深长地表达了这一点：

> 如果你的信中对我的一切都赞不绝口，我就不会像你试图反驳和拒绝我的某些观点那样高兴了。我认为这是友谊的标志，而前者则是奉承的标志。但作为回报，我想请你以开放的心态倾听我的反驳。因为如果我不对你的观点做任何答复，那就太片面了。

在我看来，这为知识交流树立了榜样。我们幸福研究的伟大先驱之一，荷兰社会学家鲁特·维恩哈文（Ruut Veenhoven，图14.4）一直以此为标杆。

图 14.4　一位幸福社会学家：鲁特·维恩哈文

（感谢鲁特·维恩哈文供图）

多年来，鲁特一直在不停地批判幸福—收入悖论，我也试图以同样的方式予以回应。我认为，我们交流的语气与布鲁尼和坎比亚托雷一致，最重要的是，知识的进步得益于这种礼貌的争论。鲁特和我都因为真诚地探讨变得更好，也更幸福，而且我们没有花一分钱。

14.4 时间到了

这堂课的要点是：悖论的批评者们基于两种统计关系——幸福和收入之间的横截面关系或短期时间序列关系，提出了幸福和收入之间正相关的证据。然而，幸福—收入悖论是基于第三种关系，即幸福和收入的长期趋势之间的关系，而这种长期关系为零。

幸福—收入悖论只有在长期趋势中才会体现出来。

第四部分
历史课

第 15 章

幸福革命的曙光

15.1　分娩之痛与生日问候

"幸福研究似乎超出了经济学的范畴。我的意思是，在我看到课程列表之前，我从来不知道经济学家会研究或教授这类内容。所以……"安迪犹豫了一下，问道，"当你提出幸福—收入悖论的时候，经济学家是怎么看的？"

老实说，安迪，我不太喜欢这个话题。万事开头难：悖论当初处处碰壁。我认为我那篇提出幸福—收入悖论的文章写得很不错——不但首次使用了幸福数据，而且还提出了一个意想不到的结果，因为人们通常想当然地认为钱能带来幸福。但这篇文章立即被经济学的主要期刊《美国经济评论》（*American Economic Review*）拒稿，并附上了简短的说明："毫无新意。"

说实话，我本不应该感到惊讶。虽然现在回想起来，幸福—收入悖论标志着一个新领域的诞生，这个领域被称为幸福经济学，但在当时，幸福作为一个研究主题，在经济学领域几乎是众矢之的。

"但是为什么经济学家不为此兴奋呢？"莉莉脱口而出，"当你做这种研究时，数据会带来新的观点。这是件好事，不是吗？我以为这就是大学研究的终极目标。"

是的，出现新观点是件好事——当然，不是所有的想法都能奏效，但有效的观点能够长久延续。知识随着时间的流逝慢慢累积显现，而不断地推陈出新才能实现这个过程。但是安迪的问题反映了这样一个事实：我们都有先入之见——在这个例子中是关于学科范畴的——而且先入之见支配着学科，就像支配着其他事物一样。每一个研究领域都在一套公认的假设中运作，即学科"范式"。托马斯·库恩在 1962 年的经典著作《科学革命的结构》中指出了自然科学的范式。在学术研究中，范式推动了一个领域的发展，但也设定了诸多参数。无论我们是在研究一个学科的理论基础还是方法论，范式始终奏效。

这些其实都没有听上去那么深奥，我来给大家详细讲一讲。

当我得出第一个关于幸福的研究成果时，这门学科仍处于行为主义的束缚之中。行为主义只关注人们的那些可观察到的行为（提醒：注意术语差别，切勿把行为主义这个心理学概念和行为经济学混淆，两者的观点是对立的）。社会科学中的行为主义受到心理学家伯尔赫斯·弗雷德里克·斯金纳（Burrhus Frederic Skinne）的深刻影响，他反对内省和研究人类的心理特质。斯金纳回归洛克的白板说[1]，认为心灵如同一块白板。对于支持行为主义的经济学家来说，人们对于自身欲望、感受和行为动机的描

---

1. 洛克的白板说（the Tabula Rasa）认为，心灵就像一块没有任何记号的白板，一切记号都来自后天的经验。——作者注

述——自我报告或主观证词——完全无法作为有效证据。维克多·富克斯（Victor Fuchs）曾是美国经济学家协会的主席，他曾自豪地说：

经济学家通常不关心决策者的内部思维过程，也不关心决策者为合理化其行为所进行的解释。经济学家认为，所行比所言更有意义。

这个例子能够说明经济学的这种范式的限制。假设有人问你："如果你能准确地选择一生中有多少个孩子，你会想要几个？"你能想到自己的答案，以及其他受访者的答案，会被试图解释生育行为的经济学家视为毫无价值而不予理会吗？难以置信。然而，20世纪70年代的经济学就是这样。

当富克斯使用带有贬义的"合理化"一词来形容一个人对其行为的解释，经济学家对主观证词的蔑视就显而易见了。在他看来，个体甚至不被认为有正当的理由。这就好像是人们被动地看着自己的生活，就像看戏的观众，他们做出决定和采取行动的原因，等同于对汉姆雷特行为动机的猜测。但不同于对戏剧角色动机的猜测，人类对其行为的解释其实非常有参考价值。

幸运的是，在富克斯的时代，一些经济学家并没有踟蹰不前，正如经济历史学家迪尔德丽·麦克洛斯基（Deidre McCloskey）对一个经济学师生研讨会充满讽刺意味地描述：

与其他社会科学不同，经济学家对问卷调查和其他自我描述极其反感……如果有人戏谑地提议发出一份关于争议性经济观点的问卷，铁定能让一群经济学家听众捧腹大笑。经济学家……不假思索地认为，在经济学问题上，只有行动者外部可观察到的行为才是有效证据。

坦率地说，根据主流经济学的观点，悖论由于相信了人们对于自身幸福的评价，忽略了学科既定的规则。我违背了一条神圣的戒律：经济学家不听人言。

"对不起，教授，"艾达说，显然她很兴奋，"我们在神经科学研讨会上能了解到这是多么荒谬的想法——白板论是错误的。人们不仅会思考，有内心活动，而且身体和心灵的情感过程共同影响着所谓的理性。现在，这叫作'具身心智'！"[1] 她自豪地说。

艾达，我相信你是这方面的专家，但 50 年前，经济学家都听不进去。更重要的是，对主观证词的关注并不是悖论的唯一问题。在结合不同个体的回答来计算一个国家的平均幸福感时，悖论隐含地假设不同的个体拥有大致相同的幸福尺度，因此，我们可以进行可靠的群体比较。这一假设与学科范式的另一个观点——在人际比较方面的立场——背道而驰。在 20 世纪 30 年代，伦敦经济学院的莱昂内尔·罗宾斯（Lionel Robbins）曾宣称，基于纯粹的演绎理由，"无法实现效用（即幸福）的人际比较"。例

---

1. 具身心智：是一本 2010 年由浙江大学出版社出版，由［智］F. 瓦雷拉，［加］E. 汤普森，［美］E. 罗施共著的作品。主要讲述人类的心智和行为也许是宇宙间最顶端最复杂也是最奇异的现象了，但人类只有通过自身的心智和行为才能认识和理解自己。

如，假设一个年收入为 10 万美元的人将 1 000 美元转账给年收入为 5 000 美元的人。虽然我们大多数人会认为，富人失去的幸福感微不足道，而穷人的幸福感却大大提升了，罗宾斯说："不对，我们不能测量幸福，因此也不能比较转账对两方的影响。"在罗宾斯看来，如果尊重人们的主观感受从而进行这样的判断，经济学就不能被视为一门合法的科学。

总之，由于担心对这一学科在学界的地位造成威胁，经济学接受了罗宾斯的观点，并忠实地坚持了几十年。在研究悖论的过程中，我受到了之前研究人口统计学的影响，不知不觉地采取了一种与众不同的方法，因为人口统计学会听取人们对其行为动机的解释。所以，我很认同哈德利·坎特里尔的调查结果，他的调查表明了世界各地的人们的基本关注存在共性，并且似乎证明了在群体层面上进行人际比较的合理性（详见本书第 2 章）。此外，坎特里尔的访谈也具有开放性，不像多项选择问卷那样会引导人们选择特定的答案，这加强了我对这一方法的信心。当被要求简单地说出自己的想法时，人们得出了非常相似的幸福来源。但是，由于既定的准则，经济学的学科范式并不认可人际比较，经济学界没有深入研究这个全新且出人意料的观点，而是摒弃了这一悖论。

不仅如此，悖论的主要观点——经济增长不能改善人类命运——与大众的观点格格不入。经济理论的一个基本结论是，收入越高，幸福感越强。经济学家普遍坚守这一原则。2008 年一次研讨会的会议论文就证明了这一点。根据这份报告，诺贝尔经济学奖得主罗伯特·巴罗（Robert Barro）宣称，"如果'实证'结果表明……'更高的收入并不意味着更高的幸福感'，他就会认为数据或方法在某种程度上存在缺陷，而不是幸福和收入之间没有关系"。这是一位计量经济学专家的观点，计量经济学则是经济学当中以实证研究为导向的分支！

我的研究结论是收入的增加和幸福感的提升并不同步。然而，这一结论与这个看似不言自明的原则相矛盾。这个原则有点像蛋糕上的糖衣——因此，悖论几乎被普遍否定或忽视也就不足为奇了。毕竟，这是一块裹满了糖衣的大蛋糕——数十年的经济研究。当一个基本假设受到质疑时，动摇的并不仅仅是理论。基于收入越高就越幸福的假设，大多数经济学研究的政策建议都只关注收入的变化。

接受主观证词、人际比较和幸福与收入并无关联的观点：这些都是悖论的原罪。难怪它在诞生之初就被经济学界轻易地否定了。

"别担心！"艾达满脸笑容地看着她的学生——我！，说道，"心理学界有你的同道中人。"

15.2 成长之路

"听起来这条路非常艰难。那么，人们是从什么时候开始对幸福的经济学感兴趣的呢？是什么改变了他们的态度？"卡洛琳问道。

20世纪90年代，行为主义的堡垒开始出现裂痕。一些经济学家——包括普林斯顿大学的美联储前任理事艾伦·布林德（Alan Blinder）等非常有影响力的人物——开始质疑将人们的观点排除在用于解释他们行为的方程式之外这样的做法。布林德指出了行为主义框架的荒谬性："如果分子能说话，化学家会不听吗？"这段调侃令人印象深刻。

劳动经济学是经济学中少数会听取人们意见的分支学科——特别是人们对工作满意度的报告。可以肯定的是，从"工作"到"生活"满意度（即幸福感）是一个飞跃，而且是一个相当大的飞跃。但在英国华威大学的安德鲁·奥斯瓦尔德（Andrew Oswald）的带领下，一群勇敢的人实现了这一个飞跃（图 15.1）。如果说幸福—收入悖论是"幸福革命"的种子，那么，正是奥斯瓦尔德及其后辈的实证研究培育了这颗种子，并帮助它茁壮成长。

图 15.1 幸福经济学家：奥斯瓦尔德和本书作者（左）

（感谢安德鲁·奥斯瓦尔德供图）

奥斯瓦尔德与达特茅斯学院的大卫·布兰奇福尔在幸福研究方面取得了关键性突破，他们利用横截面数据构建了微观经济幸福方程。基本上，这个等式测量了幸福和人们生活环境之间在某一时间点的统计关系——包括他们的年龄、性别、婚姻状况、健康状况、就业状况，当然还有收入。奥斯瓦尔德和布兰奇福尔的研究提供了一个任何国家的研究人员都可以轻松复制和扩展的模型，因此，随着时间的推移，他们收获了大批的追随者。

1997 年，奥斯瓦尔德发表了《幸福与经济绩效》一文，总结了这项新研究的大量成果。这篇论文发表在英国经济学领域的权威期刊《经济学杂志》上，确立了幸福经济学研究的合法性。多亏了奥斯瓦尔德和他的追随者，于世纪之交，幸福在经济学中获得了一个虽小但却稳固的立足点。经济学家开始听取人们的意见。

"是的，但是为什么呢？"卡洛琳问道，"是什么让他们发生了这样的改变？"

卡洛琳，强调这个问题很有必要——范式是不容改变的。奥斯瓦尔德和布兰奇福尔模型促使方法论发生了重要的变化，但许多其他方面的发展促进了幸福的经济学的诞生。首先，像是一座诱人的幸福金矿，越来越多经检验的幸福数据向所有研究人员开放。与此同时，人们逐渐认识到心理因素对经济行为的影响，而人们对自己生活的评价也逐渐应用在一个新的经济学领域——行为经济学及其分支行为金融学当中。其次，少数几位涉足心理学领域的经济学家发现，在这一学科中，"幸福"已成为一个重要的研究领域，幸福的衡量标准已经过严格的验证。最后，一些政策制定者和学者对普遍使用的衡量国家幸福水平的标准——是的，大家现在已经知道这是什么了，就是人均国内生产总值——越来越失望，他们正在寻找一个更好的衡量标准。

"那么，还有其他人在研究这个问题吗？"基顿打断道，"我是想说，可能必须要有，才能让事情有所改变。"

是的，基顿，这需要大家齐心协力，不是吗？事实上，收集并积累大量早期幸福数据的并不是经济学，而是其他社会科学。大家应该还记得我的学术同人、经常和我进行学术辩论的同好——社会学家鲁特·维恩哈文（图14.4）。1984年，鲁特在欧洲出版了《世界幸福数据库》。他和同事们收集、分类和评估了来自世界各地的幸福调查，这不仅是一项极其有价值的工作，而且是一项非常艰巨的任务，他将结果与世界各地的研究人员共享。大约在同一时期，美国政治学家罗纳德·英格哈特（Ronald Inglehart）首先在欧洲，而后在世界范围内，动员学者们进行欧洲和世界价值观调查。在心理学方面，我们最早认识的埃德·迪纳（即迪纳量表的作者）在美国伊利诺伊大学进行了一项开创性的研究，使幸福成为学科的重要课题，并激励了心理学家对主观幸福感进行调查（详见本书第13章）。

另一个重要的发展领域是行为经济学，关注的是人们如何做出决定。这一领域的突破要追溯到心理学家丹尼尔·卡尼曼和阿莫斯·特沃斯基在1979年发表的一篇开创性文章《前景理论：风险决策分析》。行为经济学与幸福经济学有两个不同之处。首先，行为经济学分析了人们的决策过程，而幸福经济学则探讨了决策的结果。例如，行为经济学家可能会研究人们如何决定有几个孩子，但幸福经济学家则会问：有孩子是否会让人们感到更幸福。就我们已经探讨过的概念而言，行为经济学主要关注决策效用——由特定选择产生的预期满意度——而幸福经济学主要关注经验效用，即实际实现的满意度（详见本书第 11 章）。

这两个领域在方法论上也有所不同。行为经济学主要依赖于社会心理学开发并普遍使用的实验室实验。相比之下，幸福经济学主要依赖于社会调查数据。因为经济学这门学科最关心的是人们如何做出选择——以帕累托为例，一些经济学家会认为这也是唯一的关注点（详见本书第 11 章）——行为经济学比幸福经济学更容易获得认可。

尽管如此，行为经济学也已经为幸福经济学的合法化打下了基础，因为它关注人们的言论，并证明了心理影响对经济行为的重要性。

"那么在心理学领域呢？"南希·安问道，并笑着看向艾达，"情况会更好吗？"

"肯定啊！"艾达说。

南希·安，对于一门研究人类心灵的学科，我们当然希望情况会更好，对吗？然而，在 1970 年之前，心理学领域普遍对幸福研究不屑一顾。在那之前，有关情绪、感觉和主观满足感的心理学研究主要集中在精神疾病患者身上。但在 20 世纪 70 年代，特别是由于埃德·迪纳的研究，情况开始发生变化。迪纳和同事证明了关于幸福的调查数据不仅可以为群体，甚至可以为人类的心理健康提供有价值的见解，促进了积极心理学的建立。积极心理学是一个全新的领域，致力了解普通人情绪健康的影响因素。除此之外，正如我们之前提到的，这一研究机构测验并证实了主观幸福感数据的意义（详见本书第 2 章）。对幸福感兴趣的经济学家注意到了这个证明幸福数据的可靠性和有效性的结论，并且，为了证明幸福是一个值得在经济学中认真研究的课题，他们反复引用心理学家的有力发现。

最后，在公共政策领域，人们逐渐醒悟，不再认为人均国内生产总值是衡量卓越社会福利的唯一标准，幸福经济学从中受益。正如国内生产总值的批评者所指出的那样，除了人们的收入，还有许多其他的福利来源，而公共政策对国内生产总值的关注导致了对教育和健康等问题的忽视。后来众所周知的"社会指标运动"（Social Indicators Movement）提出了一系列社会指标来衡量一个国家福祉的好坏。这一运动是推翻"国内生产总值至上"观念的最前线。幸福适逢其时。

15.3 幸福的绽放

"好吧，能够接受一个新理论很好。"泰勒有些失去耐心，"但他们难道不需要用这些想法来实现某些目标吗？"

"我也这么想，教授！"基顿开口道，"难道没有发生有意义的社会变革吗？"

耐心一点，同学们，我们马上就要讲到了。

在 20 世纪的最后 30 年，关于如何衡量和增加人类福祉的哲学理念发生了转变，并在 20 世纪初发展成为一种影响政治和公众意识的观点。正如先前提到的，2007 年至 2012 年担任法国总统的尼古拉斯·萨科齐（Nicholas Sarkozy）对作为生活质量衡量标准的人均国内生产总值非常不满。2008 年 2 月，他要求三位经济学家——约瑟夫·斯蒂格利茨（joseph Stiglitz）和阿马蒂亚·森（Amartya Sen）（两位都是诺贝尔经济学奖得主），以及让-保罗·菲图西（Jean-Paul Fitoussi）——成立一个委员会来探讨出一个更好的方法用于衡量社会进步。该委员会由25名成员组成，其中包括22名拥有经济学高等学历的学者，他们大多在行为主义经济学时代获得学位，其中有五名诺贝尔经济学奖得主。由于委员会由诸多经济学领域的杰出研究人员组成，其研究结果——《经济绩效和社会进步测量委员会报告》（2009年）——成了经济学家接受"幸福"的一个重要里程碑，并为大众打开了认知"幸福"的大门。委员会在报告中提出的建议之一就是直接支持"主观幸福感"这种测量方法，这个笼统的术语涵盖了我们之前讨论过的评估性和瞬时情绪测量方法。委员会的立场十分明确：

> 研究表明，我们能够获得关于主观和客观幸福感的可靠有效数据。主观幸福感包括不同方面（对个人生活的认知评价，幸福感，满意度，积极情绪，如快乐和自豪，以及消极情绪，如痛苦和忧虑）：每一种情绪都应该单独测量，以便全面了解人们的生活……经过小规模调查和非正式调查验证的问题类型应列入由官方统计部门进行的大规模调查中。

仅在40年前，任何一位杰出的经济学家如果主张应该在衡量幸福时关注人们对自身感受的看法，都是难以想象的——其实这是一种经济异端。委员会对主观幸福感的支持与过去的行为主义戒律形成了鲜明的对比，鉴于委员会的大多数成员都是在行为主义时代接受的学术训练，它对主观测量的明确支持尤其令人惊讶。但人们确实会改变想法，即使他们已经根据某些原则进行研究，就像在一条破旧的小道上的岔路，只显示出山的一面。

"好吧，"基顿叹了口气，"看起来我们就要成功了。"

15.4　莱昂内尔·罗宾斯永垂不朽！

尽管委员会的明确结论为人际比较提供了有意义的数据，但是幸福研究，更不用说幸福—收入悖论了，在经济学领域并没有被普遍认可。

"不是凡事都会有反对的声音吗？"扎克担心地问。

这是事物运行的规律，对吧，扎克？

我给大家举一个例子：最近，一本关于公共政策的顶尖经济学期刊的编辑直接拒绝了我的一位研究生关于幸福的论文，并且坚持认为：

虽然"你的论文"的分析和结果很有趣，并且，过去"在本刊"发表过几篇关于"幸福"的论文，但我不再愿意考虑它们，因为这个概念违反了经济学的一个基本原则，没有考虑人与人之间的效用比较。

啊，是哦……"经济学的基本原则！"

出于同样的原因，尽管如今在经济学领域，调查证据比20世纪70年代更容易被接受，但它仍被视为二等"软"数据，被视为新领域。一个绝佳的例子是诺贝尔经济学奖得主埃德·普雷斯科特（Edward Prescott）在一篇书评中的引言："作为一名经济学家，我在这篇书评中关注的是作者收集的大量硬数据，而不是民意调查。"(《经济学杂志》，2007年11月）我们会发现，"作为一名经济学家"的专业观点竟然成了吹嘘这种蔑视人们言论和感受的行为主义方法的典型说辞。仿佛蒙住双眼过日子是件好事似的。

15.5 永远向前！

"那么社会变革呢？"基顿再次问道。

尽管行为主义时代的残余尚存，幸福仍在继续进步。越来越多的学者以及普罗大众对人们自身感受的表达非常感兴趣。我们的政策正朝着光明的方向发展，基顿。2012年，联合国组织了一次关于幸福的会议，现在每年都会发布《世界幸福报告》，其中包含了全球150多个国家的幸福估计值（我在课堂上已经提到过几次关于世界国家幸福排名的研究结果）。2013年，联合国秘书长潘基文发布了一份文件，鼓励各国政府"（使用）精心构建的、定期的、大规模的幸福和福祉数据，作为改善宏观经济决策和提供服务的更合适的指标"。紧随其后，欧洲经济合作与发展组织为官方收集幸福数据提出了统一的指导方针。现在，全世界有10多个国家政府正在官方收集幸福数据。

"伊斯特林教授，这是幸福革命的开端吗？"

第 16 章
做梦吧，教授！

16.1 回到未来：50 年后

"我现在毫无头绪了，"简疑惑地说，"感觉形势很严峻。"

"是啊，"扎克附和道，"我有些担心。"

"教授，你觉得呢？"莉莉问，"世界会变成一个更幸福的地方吗？在我们大家的有生之年，世界会变成什么样子？"

这是个很重要的问题。我觉得答案是积极的。

我之前有提到过，当我刚开始思考幸福问题的时候，我的研究和教学方向都是经济史和人口学。所以，我都是从过去几个世纪经济史和人口变化的视角来看待幸福。我知道你们当中的大多数都没有什么机会学习和历史相关的知识。

"教授，抱歉打断一下，但是或许我们知道的比你想象的多。"泰勒礼貌地打断了我的话。或许是吧，我也希望如此，因为缺少相关的历史知识最终会使分析结果缺乏远见。那么，泰勒，不如你和大家一起帮我描绘一下历史背景吧。

三个世纪以来，我们在生活水平方面实现了三次巨大的飞跃——惊人的飞跃。第一次是发生在 18 世纪末的工业革命，第二次是 19 世纪末开始的人口革命，现在我们正在经历第三次飞跃，20 世纪末开始的幸福革命。没错，确实发生了非常多的革命，但这些都发生在最近的三个世纪。我们经历了物质化的世界，与从前大相径庭。

艾达害羞地举起了手："我的进化心理学教授认为这是自大约一万年以前人类建立定居点以来最大的一次转型，你也这么认为吗？"

"当然，艾达。"

"这些革命一定实现了巨大的突破。"艾玛焦急地说，"那究竟实现了什么样的突破呢？"

16.2 工业化：一场改变生活条件的革命

让我们从工业革命讲起。以现代人的眼光来看，在 17 世纪和 18 世纪工业化前的社会，包括欧洲和美国，人们的生活条件与野营相差无几，尽管实际条件上可能还没有那么健康和卫生。例如，在美国，大多数人口生活在农村地区，那里的房子通常是单层的，只有一两个房间，地面是坚硬的泥土，没有地板。带烟囱的壁炉是唯一的取暖设备，同时也用来做饭。有几扇没有玻璃的百叶窗用于通风和采光，晚上则用蜡烛来辅助壁炉进行照明。家里没有浴室，户外厕所用于满足人们的如厕需求。水和木头都得出门去取。为了从一个地方到另一个地方，每天步行 5 英里到 10 英里对于勤劳的乡民来说是家常便饭；除此之外，有些人（但不是所有人）有马和马车。

"呃！"扎克感叹。

"是的，"南希·安表示同意，"我的英文教授总是谈到这个话题。真的好原始啊！她说那时人们只能活到 40 岁左右。教授，这是真的吗？"

那时的死亡率确实很高。但南希·安，我们不能忽略有些人会相对长寿一些。

大家记住，直到 19 世纪 70 年代才出现公认的病菌理论。我们稍后会详细讨论这个问题。

现在，我们来比较一下这两种生活方式，一种是几乎没有医疗资源和医学知识的劳动密集型生活，一种则是当今卫生条件优越、消费品一应俱全的工业社会下的生活：房子里有很多房间，有自来水，中央供暖（通常还可以制冷），一个或多个设施完备的浴室，电器，通信工具和电脑，汽车和飞机，以及一大堆食物和衣服。已故的多萝西·布雷迪（Dorothy Brady）是我的前同事，也是一位著名的经济学家和经济史学家。她曾说，如今普通美国人的生活比两个半世纪前的富人要更优越。

很神奇，不是吗？那么，几个世纪以来究竟发生了什么变化呢？

从 1750 年至今，人均国内生产总值翻了十几倍。从今天的讲义（表 16.1）中，大家可以看到这对人们的日常生活来说意味着什么，这是我前段时间为经济史课程整理的清单。我们现在习以为常的事物在两个世纪前甚至根本不存在。这就是为什么这是一场革命：人们的物质生活发生了天翻地覆的变化。

"那么这一切是如何突然发生的呢？"莉莉问道。

"我知道，城市化！"南希·安说。

表 16.1　在美国两个世纪前并不存在或极其罕见的，但 20 世纪 90 年代
很常见的消费品（课程讲义十一）

生活方式	厨具	个人护理用品
电灯	电灶 / 煤气灶	眼镜
自来水	电烤箱 / 煤气烤炉	隐形眼镜
抽水马桶	电冰箱 / 燃气冰箱	假肢
电 / 燃气热水器	咖啡机	安全剃刀
空调	微波炉	维生素
吊扇	洗碗机	止痛药
地板材料	冰柜	抗过敏药
弹簧床垫	户外燃气烤架	抗抑郁药
家用清洁产品	烤面包机	运动器材
真空吸尘器	华夫机	石英表 / 数码手表
洗衣机	食品加工机	食品、烟草
干衣机	搅拌机	罐头食品
电熨斗	火柴	冷冻食品
洗涤剂	*通信设备*	即食谷物及混合食品
娱乐用品	电话	人造黄油
收音机	无线电话	口香糖
彩电	答录机	香烟
录像机	个人计算机	打火机
音响设备	激光打印机	*交通工具*
摄像机	移动电话	汽车
电影	传呼机	喷气式飞机
汽艇	传真机	自行车
水上摩托	复印机	摩托车
照相机	自动笔 / 自动铅笔	*服饰*
		合成纤维
		缝纫机

城市化是其中一个原因，但其实根本原因是生产方法的彻底突破。这些新方法通常要求大型工厂进行集中生产，产生了城市中心对工人的需求。在工业革命之前，像衣服、鞋子和家具这样的日常用品都是在小商店或家里生产的——也就是所谓的家庭手工业——大多使用手工工具。那时，制造业在全国各地的城镇和村庄广泛分布。动力的来源是人类（用脚踩动纺车上的踏板——图16.1）、动物（拉犁）、简易风车和水车（用来把谷物磨成面粉）。18世纪末，蒸汽动力和锻铁的发明为众多行业发展大规模工厂的机器生产方式奠定了基础（图16.2），制造业也逐渐向城市中心转移。锻铁使建造坚固耐用的机器成为可能；蒸汽提供了驱动机器所需的强劲而稳定的动力。通过铁路和汽船的发明，蒸汽和铁也彻底改变了交通运输方式，提高了货物的货运效率，使客运成为可能，从而减少了人们对步行、马车和帆船这些出行方式的依赖。

图 16.1　18 世纪的纺车

（图片来源：视野图 / 阿拉米图库）

图 16.2　纺纱棚，19 世纪的纺织厂

（图片来源：世界历史档案／阿拉米图库）

"这些都很棒。但在我看来，信息技术和这些东西一样重要，你了解吗？"丹说。

"是的，等一下，丹——我们待会儿就要讲到了。"

"好吧，听你讲。"

我们只是以这几个主要的生产和运输技术的例子为核心对第一次工业革命进行了梳理，而到目前为止，我们对 19 世纪的了解才刚刚过半。

"你能猜到接下来发生了什么吗，丹？"

"嗯，让我们想想——是第二次工业革命吗？"

没错！第二次工业革命开始于 19 世纪后半叶，进一步扩大了生产的可能性。与第一次工业革命一样，动力和工业材料方面的突破是其源头。内燃机的发明导致了基于机动车和飞机的新型交通系统以及动力驱动的农用拖拉机的出现，是动力方面的两项突破之一。第二个突破是电力的引入和远距离电网的发展，为众多制造业和农业生产的电气化奠定了基础。另外，工厂可用的原材料增加了钢铁、有色金属，最后是塑料和合成材料。现在，我们正处于第三次工业革命之中。

"我们现在要讲信息技术了吗？"丹调皮地问。

的确，我们终于讲到这里了，丹。数字计算机是第三次工业革命的催化剂。现在，当你打开笔记本或计算机或拿出手机时，你可能不会想到工厂生产，但在第三次工业革命的进程中，工厂生产连同商业方法和组织都再一次发生了很大的变化。计算机控制着工厂的设备和生产线。由计算机编程的机器人正在取代工人。由于计算机技术的长足进步，诸如文档存储、工作流程和供应链管理等办公功能见证了一个不断变革的过程。但这并不是故事的全部。例如，随着信息技术的进步，新的能源正在被开发。大规模利用阳光、风和水的可再生能源技术正开始取代化石燃料。

在大约250年的时间里，这些生产技术的革命，以及一系列提高生产力的发明广泛应用，已经给普通家庭的日常生活带来了彻底的改变。

为什么说这种大规模的变化是革命性的呢？因为在经济史上史无前例。

16.3 下一步：人口革命

"下一步！"苏宣布。

"这里写着'人口革命'。"泰勒看着教学大纲说。

"哦，是的，"艾达加入了进来，"我们在进化心理学中也讨论过类似的问题——人口结构转型。从那时起，人们不知怎的就不再愿意生那么多孩子了。"

说得都没错，但也许事出有因。在 19 世纪中叶以前，许多婴儿在出生时或婴幼儿时期死亡。所以，我们又回到了南希·安之前提出的关于预期寿命、卫生，以及相关知识和服务的问题。1840 年，人类出生时的预期寿命顶多是 40 岁左右，而世界上许多地方的预期寿命要短得多。今天，在预期寿命排名最高的国家，人类的预期寿命超过了 80 岁，是之前的两倍多，即使是在排名最低的国家，预期寿命也有 50 多岁，高于 1840 年预期寿命最长的国家。寿命的显著延长反映了死亡率的大幅下降和人们健康状况的显著改善。

尤其是婴幼儿的死亡率经历了大幅下降，并随着时间的推移，影响了人们的生育行为。在婴幼儿死亡率很高的时代，大多数父母（除了精英以外）都会尽可能多地生孩子，因为他们不确定孩子是否能够顺利存活。在 1 000 个活产婴儿中，有 200 个到 300 个在 1 周岁前夭折；即使是那些活过 1 岁的婴儿，在成年前仍然面临相当大的死亡风险。在这些幸存的婴儿中，只有大约一半能活到 20 岁。今天，在发达国家，1 000 个活产婴儿中，只有 5 个或不到 5 个婴儿会在出生后的第一年死亡，而且其中的 980 个婴儿都能活到成年。

"哇，太好了！"南希·安开心地说，"那些父母好可怜。我感觉现在的我们已经很幸福了。"

"天哪，"泰勒表示同意，"我都不知道有些家庭的婴儿在 1

周岁前就夭折了。"

"我猜预期寿命的提高意味着人们不得不开始四处寻找新的问题。"苏说。

预期寿命的显著延长是一项伟大的成就，但我们必须记住这一点：任何巨变都可能会破坏社会体系中原有的平衡。所以啊，苏，不需要担心人们会浪费时间去寻找新的问题——问题就隐藏在这一巨大的进步之中。虽然婴幼儿死亡率的大幅下降值得庆祝，但这也从根本上改变了家庭生态，婴幼儿存活率的增加导致人们的生育态度发生了重大变化。

随着婴幼儿死亡率的急剧下降，父母们意外地发现他们的家庭规模越来越庞大，需要养活的人也越来越多。雪上加霜的是，工业化以及随之而来的城市化进程使大量的农业劳动被工厂工作所取代，随着时间的推移，这减少了对额外人手的需求——也就是童工——他们在家庭农场中非常重要。再加上 19 世纪从德国引入的童工法和义务教育，这就意味着孩子通常不会为家庭带来收入。我想大家都会认为这是另一个重要的进步，因为 18 世纪末人们开始意识到童年会塑造人的一生——儿童不仅仅是身材矮小的成年人。但这也意味着抚养孩子越来越辛苦，成本也越来越高。随着越来越多的父母发现自己的孩子多得养不起了，越来越多的人开始采取避孕措施。在死亡率下降最多的欧洲，父母们主要采用传统但以前很少使用的方法，如体外排精和禁欲，以及使用避孕套。事实证明，这些方法在减少生育方面相当有效。但到了 20 世纪下半叶，新的更有效的避孕技术出现了，比如避孕药和宫内节育器。20 世纪以来，在引领人口革命的国家中，新生儿比例紧随死亡人口比例急剧下降——用人口学家的话来说，出生率紧随死亡率下降，除了"二战"后短暂的婴儿潮。每名妇女的平均生育数量从 19 世纪末的 5 个孩子以上下降到 2000 年的 2 个孩子以下。在世界其他地方，生育率也随着死亡率下降而下降。

这种死亡率由高到低的惊人转变，伴以生育率由高到低的转变，通常被称为人口转型。然而，我更倾向于已故同事、人口统计学家约翰·杜兰（John Durand）的说法，使用"人口革命"这个词。"人口革命"一词更加精确，因为这个词强调人类的健康状况和寿命发生了彻底改变，并预示了人类行为发生了彻底改变——这是父母们第一次普遍采取措施来限制家庭规模扩大。

"那么，为什么以前有那么多人英年早逝？"莉莉问道。

"因为他们不知道为什么会生病！"南希·安脱口而出。

一针见血，南希·安。可能现在我们很难相信，在 19 世纪中叶以前，人们对疾病的病因、传播和治疗知之甚少。下面是 1826 年秋天美国费城一位脂烛商人疾病治疗过程的描述：

> 他抱怨自己身体发冷，头部、背部疼痛，关节无力，恶心想吐……在去看医生之前，他被放血直到出现昏厥症状。服用了催吐剂，效果不错。在之后的几天里，他喝了苏打水和塞纳叶以保持排便通畅。而后，他请了一位医生开了另一种催吐药，这种药作用很强，他通过喝苦茶来保持药效。

这真应了那句老话，"就算疾病没要了你的命，治疗方法也会"。很难不怀疑在人口革命之前的那些治疗疾病的主要方法是否有效——例如催吐药、泻药、利尿剂和放血治疗。

"而且他们认为瘴气会导致疾病，"南希·安一脸厌恶地说，"沼气。"

是的，这是19世纪的流行理论。虽然被误导了，但一些分析家，如19世纪中期的社会改革家埃德温·查德威克（Edwin Chadwick），确实基于这个理论提出了人们需要更洁净的水和更合理的住房间隔，尤其是在城市地区。查德威克和其他分析家的成果引发了"卫生革命"，这是一场19世纪中期的城市清洁运动，后来也被证明非常成功。而后，在19世纪后半叶，由于路易斯·巴斯德（Louis Pasteur）和罗伯特·科赫（Robert Koch）等科学家的努力，病菌理论最终战胜了瘴气理论。医学家开始寻找传染病的根源，并制定传染病的预防措施。

"希望那时去看医生就没有那么危险了。"安迪说。

"是啊。"扎克表示认同。

是的，大家应该都会这么想，尽管直到20世纪40年代，医生的作用很大程度上仅限于诊断和用药物适度缓解病情。他们对治疗疾病几乎无能为力。传染病防控方面的进展，就像我们讲到过的伟大的工业革命一样，是技术持续进步的结果——同样，是三次技术进步，而治疗方法最后才出现。第一次技术进步始于查德威克的卫生革命，这一过程中人们发现了病菌的载体——被污染的空气和水、昆虫和啮齿动物，并在此基础上找到了预防疾病传播的新方法。科学历史学家通常将约翰·斯诺博士（Dr. John Snow）在1854年将霍乱与水源污染联系起来的研究结果视为一项突破性的发现。第二次技术进步始于19世纪后半叶，由验证病菌理论的研究，以及随后研制出的预防白喉、百日咳、破伤风和黄热病等疾病的疫苗所推动。

"我知道第三次是指什么，"赖德大声说，"是抗生素。"

"他说得没错，"南希·安说，"以前人们会死于链球菌性咽喉炎之类的疾病。"

是的，你们都说对了，但可不能得意忘形。死亡率显著下降的主要原因是卫生革命和疫苗的研发，这两个方面的进步极大地减少了传染病的传播和蔓延。尽管亚历山大·弗莱明（Alexander Fleming）在 1928 年发现了青霉素（又称"盘尼西林"，图 16.3），但在 1939 年霍华德·弗洛里（Howard Florey）和恩斯特·钱恩（Ernst Chain）发现它可以拯救生命的用途之前，青霉素一直是实验室里的珍品（他们三个人在 1945 年共同获得了诺贝尔医学奖）。即使如此，直到第二次世界大战接近尾声，青霉素才得以大批量生产，满足战时和最终的民用需求。但是，青霉素对细菌感染的惊人疗效及时地推动了许多其他抗生素药物的研发。

"嗯，我想医生们对抗生素的疗效应该很满意吧。"艾玛说。

"很难说，"赖德反驳道，"总会有新的问题出现。"

是的，你们又一次说对了。医生们首次拥有了治疗疾病的能力，如有神力，他们的社会地位也随之上升。

一些对病毒感染一无所知的学者也宣称传染病最终会被消除。因此，正如赖德所说，人们开始注意到一个新问题。在 20 世纪下半叶，医学研究越来越多地从更影响年轻人的传染病转向老年疾病。因此，在过去 70 年左右的时间里，医学在减少心脏病和中风死亡方面，在高血压、高胆固醇和某些癌症的治疗和控制方面，以及冠状动脉手术方面均取得了重大进展。

图 16.3　亚历山大·弗莱明

（图片来源：GL 档案 / 阿拉米图库）

"我敢打赌你会很高兴。"泰德评论道。

你说得没错！我们这一代人确实受益了，但更受益的是，在"二战"后出生的那一群孩子。

"婴儿潮一代！"

说对了：所谓的婴儿潮一代以及他们的子孙，包括你们所有人，在步入老年之后都会拥有更长的寿命和更高质量的生活。

"全民获益！"安迪喊道。

16.4　时空传播

"欧洲和美国都发展得很好，"吉尔说，"那么，非洲和印度这样的地方呢？"

当然，这些技术进步的时空传播都出现了一定的滞后。在世界上最早实现现代化的地区，人口革命滞后于工业革命近一个世纪。但两者扩散到世界各地的过程极为相似。总的来说，它们都起源于西欧，并向南和向东蔓延到欧洲各地，与此同时向北美、拉丁美洲的部分地区和大洋洲等海外地区扩散，有大量的欧洲移民选择在这些地区定居。而后扩散至亚洲的发展中国家，拉丁美洲的其他地区和北非地区，最后是撒哈拉以南的非洲地区。尽管人口革命比工业革命晚一个世纪开始，但它在全世界的传播速度要快得多，其实在撒哈拉以南的非洲地区，人口革命甚至早于工业革命。

"这怎么可能？"莉莉感到很疑惑。

"是啊，这不是常规的模式吧？"欧文问道。

那么，让我们看看这一切是如何发生的。首先，两种革命在世界各地的扩散是如此相似，因为生产和生物医学技术是在西欧及欧洲移民地区取得了突破性进展，并逐渐传播到其他国家。一旦获得并应用了这些基本知识，现代化进程就会加快。但他们并没有完全系统地这么做，莉莉，因为经济因素影响了这些革命传播的相对速度。简言之，与促进经济增长的成本相比，控制传染病的成本相对较低，因此人口革命的传播速度远远快于工业革命，这就是为什么在撒哈拉以南的非洲地区，人口革命最终先于工业革命发生。

那么，一旦考虑了成本因素，时空传播的过程不就合理了吗？

"是的。"莉莉表示同意。

16.5　追溯源头：科学革命

"OK，"苏扔下她的书包，"今天是复习课吗？"

"这里写着'科学革命'。"泰勒看着教学大纲回答。

"别啊！又是一个革命！"泰德倒吸一口气，"我都开始忘记幸福了。"

"嗯，我觉得这很有趣。"艾达红着脸说。

谢谢你，艾达——我很高兴你能加入我的阵营！

这是所有革命的鼻祖。17世纪的科学革命是所有其他革命的基石，因为它引入了一种全新且有效的获取知识的方法，标志着现代科学的开端。工业革命和人口革命的进展，归根结底是由于现代科学的出现，以及经过实证检验的科学知识在西欧及相关地区的发展。

我们都是在一个由科学主导的世界中长大的，以至于我们会认为科学的存在理所当然。但在17世纪以前，我们今天所说的科学并不存在，对物质世界的探索纳入"自然哲学"的范畴。例如，在维多利亚时代，自然选择进化论之父查尔斯·达尔文（Charles Darwin）和阿尔弗雷德·拉塞尔·华莱士（Alfred Russel Wallace）并不被称为"生物学家"，而是"博物学家"。"科学家"一词直到19世纪才出现，而且逐渐才流行起来。

"是的，但不管被称为什么，他们都是科学家。"艾达坚持道。

说得很对，但在他们之前，有效地反复观察尚未成为知识的基础。

科学革命始于17世纪的西欧，当时人们对周遭世界的认知方式发生了巨大的转变。研究人员摒弃了传统的先验演绎法，转而采用实证和实验法，开创了能够得出有效科学知识的技术和过程，包括假设，通过控制实验观察，证明（或反证），实验迭代，理论，重复，进一步证明，以及在许多情况下还有实际应用。

"教授，其实这种方法起源于古希腊。"

"是的。亚里士多德！"南希·安说。

你们说对了。但是，尽管这种实证方法在古希腊得到了支持——正如南希·安所指出的那样，在这个过程中最值得一提的是亚里士多德——它并没有在任何地方作为一种主要的发现方法被认可，直到 17 世纪在欧洲由约翰尼斯·开普勒（Johannes Kepler）、伽利略（Galileo）、勒内·笛卡儿（Rene Descartes）、艾萨克·牛顿（Isaac Newton）和威廉·哈维（William Harvey）等人实践和推广。

最早出现的科学领域是自然科学——16 世纪和 17 世纪的天文学和力学，随后在 18 世纪出现了化学，在 19 世纪出现了电学和热力学。这些领域的发展为重大发明奠定了基础，推动了工业革命的进程。因果关系是双向的。因此，詹姆斯·瓦特发明的现代蒸汽机早于热力学的发展，并进一步推动了热力学的发展，但热力学一旦建立，反过来又推动了蒸汽机的进步。科学发现和发明都是科学革命中诞生的研究方法的产物。

"你对生物学还只字未提呢。"赖德提醒我。

生命科学，包括研究生物体的生物学，比自然科学花了更长的时间才发展起来，直到 19 世纪才开始。为什么会这样，赖德？在天文学和力学这两个最早发生科学革命的领域中，人们所研究的基本现象在很大程度上都是日常观察到的问题。

"对哦，"赖德表示同意，"人们需要工具才能进一步研究。"

"17世纪和18世纪的启蒙哲学家谈到了人类感官的局限性，"丹告诉我们，"与此同时，他们正在想方设法突破这一局限。比如说约翰·洛克（John Locke），大卫·哈特利（David Hartley）和大卫·休谟（David Hume）。"

没错！在生物学领域，科学的进步不得不等待光学显微镜及其后续日益精密的仪器的发展。正如丹所说的那样，这些仪器扩展了人类感知的范围和观察效能。在此基础上，生物科学与19世纪的公共卫生和医学发展密切相关，它们共同推动了人口革命。因此，人口革命滞后于工业革命，是因为与自然科学相比，生命科学出现得比较晚。

"那么我们为什么不在历史课上学习这些内容呢？"苏问道，"老天爷啊，我是历史专业的，但我们从来没有学到过这些内容。"

好吧。

"其实，"丹告诉她，"你必须在哲学、历史学和科学社会学中才能学到这些知识。"

"不好意思，其实我在英文课上学到了很多。"南希·安补充道，"浪漫主义诗歌。布莱克（Blake）、安娜·莉蒂西娅·巴鲍德（Anna Laetitia Barbauld）和华兹华斯（Wordsworth），等等。"

发现了吗，同学们？想想当我们大家从各自感兴趣的领域获取知识并且互相分享，最终收获了什么。我为你们准备了这个内容完整而且由多个部分组成的讲座——我必须承认，这是一个相当不错的讲座——然而，我仍然每天都能从我的学生身上学到新的东西！

16.6　幸福革命

"这是我们的最后一节课！"莉莉说。

"这里写的是'幸福革命'。"泰勒指着教学大纲说。

"那么，上完了这节课，我们还有复习课吗？"苏问道，"我是想说，这些内容都很有趣，但我想考得好点儿。那样我会更高兴！"

肯定会有时间的，苏，但我很有信心，你们现在已经能把所有的知识都拼凑起来了。

我们终于讲到幸福革命了。

之前的两次革命，也就是工业革命和人口革命，使人们生活的客观环境发生了改变，正如实际人均国内生产总值和预期寿命的倍增所反映的那样，而幸福革命的主要关注点是不同的，需要一种不同的衡量标准。是什么呢？

"是人们对自己的评价。"安迪说，"具体来说，就是人们对自己生活的整体感受。"

是的！这场革命的核心是人们的感受——人们有多幸福，对自己的生活有多满意。当调查结果显示人们的幸福感，即主观幸福感，有了显著的改善时，它就成为一场革命——幸福革命。这场革命正在发生！

前两次革命，即工业革命和人口革命，都是自然科学和生命科学兴起的结果。

幸福革命则是社会科学的产物。经济学是社会科学当中最古老的学科，出现在 18 世纪后半叶亚当·斯密的著作中。但是，社会科学的正规教学和研究学科——经济学、社会学、政治学、人类学和心理学——到 19 世纪后期大学世俗化后才得以建立。直到那时，美国高等教育机构才逐渐从传统的古典和宗教研究转向其他研究。

"同时，世界各地也涌现出了一些关于文化和神话的新知识。比如詹姆斯·弗雷泽爵士（Sir James Fraser）。"南希·安皱起了眉头。

"是的。"基顿说，"而且必须重视人类存在以及人与人的差异，人们才会最终开始研究这些问题。只有通过这个途径，这些研究领域才会存在，并且引发意义深远的社会变革。"

我认为在价值观及其对高等教育内容的影响方面，你提出了一个非常重要的观点。所有的社会科学学科都涉及人类生活和文化的模式和动态，除非有很多人觉得它们有趣且有价值，否则这些学科不会被列为值得研究的领域并纳入你们的课表当中。更重要的是，大多数社会科学的宗旨从来都是增进人类福祉，虽然没有大肆宣扬，但这是一种默契的共识。

"改变永远不会太晚。"基顿说。

社会科学的跨学科研究为幸福革命提供了坚实的基础。一些衡量指标，如国内生产总值和预期寿命，和社会科学当中的特定学科相关——分别与经济学和人口学有关。相比之下，幸福是社会科学中公认的一个概念，反映了对于人们生活来说普遍重要的事情。在 20 世纪社会科学学科激增之后，当前对幸福的研究重新开启了人类各个研究领域之间的对话，使大家重新聚焦在增进人类福祉的目标上。

社会科学的首个成就也是最重要的成就是使公众广泛认识到，像失业、健康状况欠佳和贫困等情况大多是个人无法控制的因素所导致的结果，需要采取集体行动来帮助那些遭受这些苦难的人。在 20 世纪以前，人们普遍认为这些问题是人格缺陷的结果——懒惰、浪费、肮脏、酗酒、赌博等。

"是的，维多利亚时代的人把穷人分为'值得救济的'和'不值得救济的'两种。"南希·安插话说。

诸如此类的观念是由于人类现实存在等级观念，这种观念认为，有些人一出生就比其他人优越。经济学最初通过倡导自由放任主义来支持这种信念，认为政府规模应该是精简的，干预人们的生活只会促进依赖性。但是，由于持续的赤贫、严重的金融危机和大萧条的出现，自由放任主义的观点逐渐被削弱。民主个人主义和中产阶级的崛起进一步削弱了自由放任主义精神。

随着自由市场经济的问题变得越来越明显，发展中的社会科学提出了两种主要的解决方案，分别针对就业和社会安全网。经济方面的政策旨在高就业水平上稳定经济：首先，在 20 世纪初建立负责货币政策的中央银行，然后，为了应对 20 世纪 30 年代的大萧条，制定了财政政策。财政政策指的是如何利用中央政府的税收和支出政策，一方面抵御经济衰退，另一方面抑制快速的通货膨胀。

大约在同一时间，社会政策开始正式成形。

"好哇！"基顿喊道。

正如我所说，社会政策开始正式成形，产生了一系列我们现在称为"社会安全网"的项目。我们已经多次在讨论中提到安全网。它包括收入支持（失业保险、社会保障、社会援助和残疾福利）、医疗保险、婴幼儿保育、教育（包括学前教育）、产假和陪产假、老年人护理和养老金等项目。今天的北欧福利国家已经充分实现了这些政策倡议和计划。

"那么，国内生产总值没有用吗？"扎克问道。

像之前讲到的一样，国内生产总值和经济增长在某些情况下是很有用的指标，但并不能作为幸福革命的衡量标准。虽然工业革命导致了人们的物质生活普遍得到了极大改善，但正如我们所了解到的，没有证据表明经济增长本身增加了人们的幸福感。相反，向促进经济增长的自由市场经济的转变导致了对工作、收入、医保和家庭环境的压力和不确定性——我们一再看到这些因素对幸福至关重要。"从摇篮到坟墓"的安全网解决了这些问题。最值得注意的是，安全网政策对于生活条件较差的人来说尤为重要，能够显著提升他们的幸福感。

"太好啦！"基顿感叹道。

是的，太好啦！我们对主观幸福感的衡量，而不是国内生产总值，体现的是一个国家在解决对各行各业的人来说最重要的事情方面的成功，即关系到他们幸福水平的日常问题。

总而言之，和之前的几场革命一样，幸福革命起源于西欧。在引进和发展福利国家政策方面走在前列的是北欧国家，并在幸福方面已成为世界的引领者，类似的政策正在逐渐扩散到世界各地。

"幸福革命的胜利者！"基顿宣称。

好吧，"引领者"会更恰当，因为让人开心的是：有无数个赢家。

16.7 再次回到未来

好了，我们的课程就到此为止啦！

从历史的角度来看，工业革命归根结底是自然科学的产物；人口革命是生命科学的成果；幸福革命则是社会科学的创作。尽管存在一些相互依存的关系，但每一次革命都建立在一个独特的科学知识体系之上，在很大程度上独立于其他革命。

这三场革命发生的顺序反映了自 17 世纪科学革命以来知识的出现和增长的进程——从自然科学到生命科学再到社会科学。在每个科学领域，基础知识和应用知识之间都存在着持续的相互作用；两者都是源于科学革命的科学方法的产物。这三场革命都遵循着类似的传播路径，从基础科学知识的发源地西欧开始向外传播。你觉得呢，扎克？面对更广阔的前景，对未来的担忧会减轻一点吗？

"是的，当然减轻了一些。谢谢。"

"嗯，"吉尔说，"你说得好像一切都是不可避免的。"

或许并非不可避免，但我相信终会到来。

而你们，我亲爱的同学们，正是这三场革命的受益者！

术语表

行为主义（Behaviorism） 主张通过行为而非说的话来科学地理解人类的行为。

同期群（Cohort） 同一年出生的人。

消费者主权（Consumer Sovereignty） 消费者不受政府税收或法规等外部限制，自由支配收入的能力。

横截面数据（Cross-section Data） 某一特定时间点（通常为特定年份）的一系列统计数据。

决策效用（Decision Utility） 对某一特定选择的预期满意度。

领域满意度（Domain Satisfaction） 对生活某一方面的满意度（例如经济状况、健康等）。

经济增长（Economic Growth） 实际人均 GDP 持续长期上升。

欧盟（EU） 欧洲联盟（European Union）。

评估性幸福感（Evaluative Well-being） 对整体生活状态

的满意度。

体验效用（Experienced Utility） 对某一特定选择的实际满意度。

体验性幸福感（Experiential Well-being） 当前或最近一段时间的满足感（心情）。

合成谬误（Fallacy of Composition） 主张对于个体来说正确的事，对于整体（个体所属的群体）来说也是正确的。

国内生产总值（GDP） 一个国家商品和服务的年度产出。

人均国内生产总值（GDP per Capita） 以人均计算的国内生产总值，是一个国家人均收入的粗略近似值。

幸福感（Happiness） 个体对生活福祉的总体感受。

收入（Income） 用于支付所有支出的资金，包括储蓄、税收和转让给他人的资金（如礼物）。

收入参考水平（Income Reference Level） 个体评估其实际收入满意度的内在基准。

人际比较（Interpersonal Comparison） 将个人的情况与他人进行比较。

人际效用比较（Interpersonal Comparison of Utility） 假设人们的满意度有可比性，比较不同人的自述满意度。

自我比较（Intrapersonal Comparison） 将当前的境况与个人最佳状态进行比较。

生活阶梯（Ladder-of-life） 一个从 0（或 1 级）到 10 级由低到高的阶梯，受访者根据自身幸福感回答处在哪一级。

生命周期 / 生命历程（Life Cycle /Life Course） 由生到死的

历程。

生活满意度（Life Satisfaction） 综合各方面考虑，个体对自己当前生活的满意度。

纵向研究（Longitudinal Study） 对同一个人的历时分析。

客观数据（Objective Data） 不基于自陈报告的个体数据。

客观幸福指数（Objective Well-being） 用于衡量一个人的幸福感／满意度的客观数据，如收入。

经合组织（OECD） 经济合作与发展组织（Organization for Economic Cooperation and Development）。

同组研究（Panel Study） 又称为"面板研究"或"定组研究"，见"纵向研究"。

参考水平（Reference Levels） 个体评估不同生活境况的内在基准，参见"收入参考水平"。

可靠性（Reliability） 个体每天或每周自陈报告的一致性。

安全网（Safety Net） 一系列旨在改善人们"从摇篮到坟墓"主要问题的政策。

自陈报告（Self-report） 个体提供的个人信息。

定点（Setpoint） 在心理学中，指的是由基因或人格所决定的潜在幸福水平。

社会比较（Social Comparison） 见"人际比较"。

主观数据（Subjective Data） 只通过自陈报告获得的个人数据。

主观幸福感（Subjective Well-being） 综合各方面考虑，个体对幸福感或生活满意度的感受。

时间序列数据（Time-Series Data） 在连续的时间点收集的数据，比如年度调查。

效用（Utility） 满意度、幸福感。

有效性（Validity） 自述幸福感的真实性。

零和博弈（Zero-Sum Game） 参与者的得失总和永远为零的博弈。

参考文献和补充书目

第一章 引 言

1. Mandelbrot，B.，& Hudson，R. L.（2004）. *The（mis）behavior of markets: A fractal view of risk，ruin，and reward.* New York: Basic Books.

2. Mill，J. S.（1957）［1861］. *Utilitarianism.* Ed. Oskar Piest. Indianapolis，IN: Bobbs-Merrill.

3. Rojas，M.（2019）. The relevance of Richard A. Easterlin's groundbreaking work: A historical perspective. In M. Rojas（Ed.），*The economics of happiness*（pp. 3—23）. Basel，Switzerland: Springer Nature.

第二章 测量幸福

1. Campbell，A.（1972）. Aspirations，satisfaction，and fulflment. In A. Campbell & P. E. Converse（Eds.），*The human meaning of social change*（pp. 441—466）. New York : Russell Sage.

2. Cantril，H.（1965）. *The pattern of human concerns.* New Brunswick，NJ : Rutgers University Press.

3. Helliwell，J. F.，Layard，R.，& Sachs，J. D.（Eds.）.（2019）. *World happiness report 2019*（pp. 13—47）. New York，NY : Sustainable Solutions Network.

4. Helliwell，J. F.，& Wang，S.（2013）. The state of world happiness. In J. F. Helliwell，R. Layard，& J. D. Sachs（Eds.），*World happiness report*（pp. 10—57）. New York，NY : Earth Institute of Columbia University.

5. Kapteyn，A.，Lee，J.，Tassot，C.，Vonkova，H.，& Zamarro，G.（2015）. Dimensions of subjective well-being. *Social Indicators Research*，123，625—660.

6. Mishan，E. J.（1969）. *Welfare economics：Ten introductory essays.* New York，NY：Random House.

第三章 金钱能使人幸福吗？

1. Coyle，D.（2014）. GDP: *A brief but affectionate history.* Princeton，NJ: Princeton University Press.

2. Easterlin，R. A.（1974）. Does economic growth improve the human lot? Some empirical evidence. In M. Abramovitz，P. A. David，& M. W. Reder（Eds.），*Nations and households in economic growth: Essays in honor of Moses Abramovitz.* New York，NY: Academic Press.

3. Easterlin，R. A.（2010）. *Happiness，growth，and the life cycle.* New York，NY：Oxford University Press.

4. Senik，C.（2009）. *Direct evidence on income comparisons and their welfare effects.* Journal of Economic Behavior and Organization，72（1）：408—424.

第四章 健康如何影响幸福？

1. Brickman，P.，& Coates，D.（1978）. Lottery winners and accident victims: Is happiness relative? *Journal of Personality and Social Psychology*，（36）：917—927.

2. Easterlin，R. A.（2015）. Do people adapt to poorer health? Health and health satisfaction over the life cycle. In F. Maggino（Ed.），*A life devoted to quality of life: Festschrift in honor of Alex Michalos*（pp. 81—92）. New York，NY: Springer.

3. Frederick，S.，& Loewenstein，G.（1999）. *Hedonic adaptation.* In D. Kahneman，

4. E. Diener，& N. Schwarz（Eds.），*Well-being: The foundations of hedonic psychology*（pp. 302—329）. New York: Russell Sage Foundation.

5. Mehnert，T.，Krauss，H. H.，Nadler，R.，& Boyd，M.（1990）. Correlates of life satisfaction in those with disabling conditions. *Rehabilitation Psychology*，（35）：3—17.

第五章 家庭生活如何影响幸福?

1. Crimmins, E. M., Easterlin, R. A., & Saito, Y. (1991). Preference changes among American youth : Family, work, and goods aspirations, 1976—1986. *Population and Development Review*, *17* (1) :115—133.

2. Lucas, R. E., Clark, A. E., Georgellis, Y., & Diener, E. (2003). Reexamining adaptation and the setpoint model of happiness : Reactions to changes in marital status. *Journal of Personality and Social Psychology*, (84): 529—539.

3. Plagnol, A. Z., & Easterlin, R. A. (2008). Aspirations, attainments, and satisfaction: Life cycle diferences between American men and women. *Journal of Happiness Studies*, (9): 601—619.

4. Switek, M., & Easterlin, R. A. (2018). Life transitions and life satisfaction during young adulthood. *Journal of Happiness Studies*, (19): 297—314.

5. Waite, L. J., & Luo, Y. (2009). Marital happiness and marital stability : Consequences for psychological well-being. *Social Science Research*, *38* (1): 201—212.

6. Zimmermann, A. C., & Easterlin, R. A. (2006). Happily ever after? Cohabitation, marriage, divorce, and happiness in Germany. *Population and Development Review*, (32): 511—538.

第六章 如何使自己更幸福?

1. Easterlin, R. A. (2003). Explaining happiness. *Proceedings of the National Academy of Sciences*, *100*, 11176—11183.

2. Easterlin, R. A. (2006). Building a better theory of well-being. In L. Bruni & P. L. Porta (Eds.), *Economics and happiness: Framing the analysis* (pp. 29—64). New York, NY: Oxford University Press.

3. Glenn, N. D. (1996). Values, attitudes, and the state of American marriage. In D. Popenoe, J. B. Elshtain, & D. Blankenhorn (Eds.), *Promises to keep: Decline and renewal of marriage in America* (pp. 15—33). Lanhman, MD: Rowman and Littlefeld.

4. Johnson, S. (1751). The Rambler. No. 163 (October 8). https://en.wiki quote.org/wiki/SamuelJohnson.

5. Kahneman, D., Krueger, A. B., Schkade, D. A., Schwarz, N., & Stone, A. A. (2004). A survey method for characterizsing daily life experience: The day reconstruction method. *Science*, *306* (5702), 1776—1780.

6. Marx, K. (1847). Wage labor and capital. In *Marx-Engels Selected Works*, I, p. 163.

7. Plagnol, A. C. (2011). Financial satisfaction over the life course: The influence of assets and liabilities. *Journal of Economic Psychology*, *32* (1): 45—64.

8. Robinson, J. P., & Godbey, G. (1997). *Time for life: The surprising ways Americans use their time* (2nd ed.). University Park, PA: Pennsylvania State University Press.

第七章 政府能否提高人们的幸福感：转型国家的经验

1. Blanchfower, D. J., & Oswald, A. J. (2020). Trends in extreme distress in the United States, 1993—2019. *American Journal of Public Health*. Published online ahead of print, Aug 20, 2020.

2. Brainerd, E., & Cutler, D. (2005). Autopsy on an empire: Understanding mortality in Russia and the former Soviet Union. *Journal of Economic Perspectives*, *19* (1): 107—130.

3. DiTella, R., MacCulloch, R. J., & Oswald, A. (2001). Preferences over inflation and unemployment: Evidence from surveys of happiness. *American Economic Review*, *91* (1): 335—341.

4. Easterlin, R. A. (2009). Lost in transition: Life satisfaction on the road to capitalism. *Journal of Economic Behavior and Organization*, *71* (1): 131—145.

5. Easterlin, R. A. (2012). Life satisfaction of rich and poor under socialism and capitalism. *International Journal of Happiness and Development*, *1* (1): 112—126.

6. Easterlin, R. A. (2014). Life satisfaction in the transition from socialism to capitalism. In A. Clark & C. Senik (Eds.), *Happiness and economic growth: Lessons from developing countries* (pp. 6—31). Oxford, UK: Oxford University Press.

7. Easterlin, R. A., & Zimmermann, A. C. (2008). Life satisfaction and

economic conditions in East and West Germany pre– and post-unifcation. *Journal of Economic Behavior and Organization*, *68*（3）：433—444.

8. Easterlin, R. A., Wang, F., & Wang, S.（2017）. Growth and happiness in China, 1990—2015. In J. F. Helliwell, R. Layard, & J. D. Sachs（Eds.）, *World happiness report 2017*（pp. 48 —83）. New York, NY: Sustainable Development Solutions Network.

9. Knight, J., & Song, L.（2005）. *Towards a labor market in China*. Oxford, UK: Oxford University Press.

10. Kuran, T.（1991）. Now out of never: The element of surprise in the East European revolution of 1989. *World Politics*, *44*（1）：7—48.

11. Lumley, R.（1995）. Labor markets and employment relations in transition in countries of central and eastern Europe. *Employee Relations*, *17*（1）：24—37.

12. Moller, V.（2007）. Researching quality of life in a developing country: Lessons from the South Africa case. In I. Gough & J. A. McGregor（Eds.）, *Well-being in developing countries: From theory to research*（pp. 242—258）. Cambridge, UK: Cambridge University Press.

第八章 政府能否提高人们的幸福感：北欧国家的经验

1. Easterlin, R. A.（2004）. How beneficent is the market? A look at the modern history of mortality. In R. A. Easterlin（Ed.）, *The reluctant economist: Perspectives on economics, economic history, and demography*（pp. 101—140）. Cambridge, UK: Cambridge University Press.

2. Easterlin, R. A.（2012）. Happiness, growth, and public policy. *Economic Inquiry*, *51*（1）：1—15.

3. Friedman, J., & McCabe, A.（1996）. Preferences or happiness? Tibor Scitovsky's psychology of human needs. *Critical Review*, *10*（4）：471—480.

4. Kahneman, D., & Taler, R. H.（2006）. Utility maximization and experienced utility. *Journal of Economic Perspectives*, *20*（1）：221—234.

第九章 幸福感还是国内生产总值？

1. Easterlin, R. A.（2014）. Why our happiness and satisfaction should supplant GDP in policy-making. Retrieved from http://theconversation.com/the-science-of-happines-can-trump-GDP-as-a–guide-for-policy–57004.

2. Kuznets, S., Epstein, L., & Jenks, E. (1941). *National income and its composition, 1919—1938* (Vol. 1). New York, NY: National Bureau of Economic Research.

3. Lemos, G. (2012). *The end of the Chinese dream: Why the Chinese people fear the future.* New Haven: Yale University Press.

第十章 谁更幸福：年轻人还是老年人？男性还是女性？

1. Blanchfower, D. G., & Oswald, A. (2004). Well-being over time in Britain and the USA. *Journal of Public Economics, 88* (7—8), 1359–1386.

2. Easterlin, R. A. (2003). Happiness of women and men in later life: Nature, determinants, and prospects. In M. J. Sirgy, D. Rahtz, & A. C. Samli (Eds.), *Advances in quality-of-life theory and research* (pp. 13—26). Dordrecht, Netherlands: Kluwer Academic Publishers.

3. Frijters, P., & Beatton, T. (2012). The mystery of the U-shaped relationship between happiness and age. *Journal of Economic Behavior & Organization,82* (2): 525—542. Morgan,R.,& O'Connor,K. J. (2017). Experienced life satisfaction in Europe. *Review of Behavioral Economics, 4* (4): 371—396.

4. Zweig, J. S. (2015). Are women happier than men? *Journal of Happiness Studies,* (16): 515—541.

第十一章 进一步探讨金钱与幸福

1. De Neve, J. E., Ward, G., De Keulenaer, F., van Landeghem, B., Kavetsos, G., & Norton, M. I. (2018). The asymmetric experience of positive and negative economic growth: Global evidence using subjective well-being data. *Review of Economics and Statistics, 100* (2): 362—375.

2. Lindqvist, E., Ostling, R., & Cesarini, D. (2020). Long-run efects of lottery wealth on psychological well-being. *Review of Economic Studies, 87* (6): 2703—2726.

3. Lipset, S. M., & Schneider, W. (1987). *The confidence gap: Business, labor, and government in the public mind* (Revised ed., pp. 130—131). Baltimore MD: Johns Hopkins University Press.

4. Redelmeier, D. A., & Kahneman, D. (1996). Patients' memories of painful medical treatments: Real-time and retrospective evaluations of two

minimally invasive procedures. *Pain*, *66*（1）：3—8.

第十二章　民主、宗教、慈善、志愿服务等因素如何影响幸福？

1. Clark，A.，& Llekes，O.（2005）. *Deliver us from evil: Religion as insurance.* Paris，France: Paris School of Economics.

2. Dunn，E.，Aknin，L.，& Norton，M. I.（2008）. Spending money on others promotes happiness. *Science*，*319*（5870）：1687—1688.

3. Frey，B. S.，& Stutzer，A.（2000）. Happiness，economy，and institutions. *Economic Journal*，（110）：918—938.

4. Helliwell，J. F.，& Putnam，R. D.（2004）. The social context of well-being. *Philosophical Transactions: Biological Science*，*359*：1435—1446.

5. King，H. R.，Jackson，J. J.，Morrow-Howell，N.，& Oltmanns，T. F.（2015）. Personality accounts for the connection between volunteering and health. *The Journals of Gerontology: Series B*，*70*（5）：691—697.

6. Meier，S.，& Stutzer，A.（2006）. *Is volunteering rewarding in itself?* Boston，MA: Federal Reserve Bank of Boston，Center for Behavioral Economics and Decision-Making.

7. Moller，V.（2007）. Researching quality of life in a developing country: Lessons from the South Africa case. In I. Gough & J. A. McGregor（Eds.），*Wellbeing in developing countries: From theory to research*（pp. 242—258）. Cambridge，UK: Cambridge University Press.

8. Putnam，R. D.（2000）. *Bowling alone: The collapse and revival of American community.* New York，NY: Simon and Schuster.

9. Van den Berg，B.，& Ferrer-i-Carbonell，A.（2007）. Monetary valuation of informal care: The well-being valuation method. *Health Economics*，*16*（11）：1227—1244.

第十三章　究竟该相信谁？心理学家还是经济学家？

1. Akerlof，G. A.（2020）. Sins of omission and the practice of economics. *Journal of Economic Literature*，*58*（2）：405—418.

2. Diener，E.，& Lucas，R. E.（1999）. Personality and subjective well-being. In D. Kahneman，E. Diener，& N. Schwarz（Eds.），*Well-being: The foundations of hedonic psychology*（pp. 213—229）. New York: Russell Sage Foundation.

3.   Kasser, T. (2002). *The high price of materialism*. Cambridge, MA: MIT Press.

4.   Lucas, R. E., Clark, A. E., Georgellis, Y., & Diener, E. (2004). Unemployment alters the set point for life satisfaction. *Psychological Science*, *15* (1): 8—13.

5.   Pigou, A. C.(1932). *The economics of welfare*. London, UK: Macmillan.

6.   Stiglitz, J., Sen, A., & Fitoussi, J. P. (2009). Report by the commission on the measurement of economic performance and social progress. Available at www.stiglitzsen-ftoussi.fr

7.   Taler, R. H. (2015). *Misbehaving: The making of behavioral economics*. New York: W. W. Norton.

8.   United States National Research Council. (2013). *Subjective well-being: Measuring happiness, sufering, and other dimensions of human experience*. Washington, DC: The National Academies Press.

第十四章　批判幸福—收入悖论

1.   Easterlin, R. A. (2017). Paradox lost? *Review of Behavioral Economics*, *4* (4): 311—339.

2.   Grifths, G. (2003). Letter from Bruni to Tomas Cambiatore. *Journal of European Economic History*, *32* (2): 352—359.

3.   O'Connor, K. J. (2017). Happiness and welfare state policy around the world. R*eview of Behavioral Economics*, *4* (4): 397—420.

第十五章　幸福革命的曙光

1.   Blanchfower, D. G., & Oswald, A. J. (2004). Well-being over time in Britain and the USA. *Journal of Public Economics*, *88* (7—8), 1359—1386.

2.   Diener, E.(1984). Subjective well-being. *Psychological Bulletin*, *95* (3), 542—575.

3.   Fuchs, V.(1983). *How we live*. Cambridge: MA Harvard University Press.

4.   Inglehart, R. (2000). *World values surveys and European values surveys, 1981—1984, 1990—1993, and 1995—1997*. Ann Arbor, MI: Inter-university Consortium for Political and Social Research.

5.   Kahneman, D., & Tversky, A. (1979). Prospect theory: An analysis of decision under risk. *Econometrica*, *47* (2): 263—292.

6. Kuhn，T. S.（1962）. *The structure of scientific revolutions.* Chicago: University of Chicago Press.

7. McCloskey，D. N.（1983）. The rhetoric of economics. *Journal of Economic Literature*，*21*（2）：481—517.

8. Oswald，A. J.（1997）. Happiness and economic performance. *Economic Journal*，*107*（445）：1815—1831.

9. Robbins，L.（1932）. *An essay on the nature and significance of economic science.* London: Macmillan.

10. Stiglitz，J.，Sen，A.，& Fitoussi，J. P.（2009）. Report by the commission on themeasurement of economic performance and social progress. Available at www.stiglitzsen-ftoussi.fr

11. Veenhoven，R.（2005）. World database of happiness. Available at www. worlddatabaseofhappiness.eur.nl.

第十六章　做梦吧，教授！

1. Easterlin，R. A.（1996）. *Growth triumphant: The twenty-first century in historical perspective.* Ann Arbor，MI: University of Michigan Press.

2. Easterlin，R. A.（2004）. *The reluctant economist: Perspectives on economics，economic history*，and demography. Cambridge，UK: Cambridge University Press.

3. Easterlin，R. A.（2019）. Three revolutions of the modern era. *Comparative Economic Studies*，*61*（4）：521—530.

4. Lindberg，D. C.（1992）. *The beginnings of western science: The European scientific tradition in philosophical，religious，and institutional context，600 B. C. to A. D. 1450.* Chicago: University of Chicago Press.

5. Rosenberg，C. E.（1979）. The therapeutic revolution: Medicine，meaning，and social change in nineteenth-century America. In M. J. Vogel & C. E. Rosenberg（Eds.），*The therapeutic revolution*（pp. 3—25）. Philadelphia: University of Pennsylvania Press.